いのちの来るところ

スマホ画面の向こうで、ミサコさんは四十年前の体験を話してくれた。

私はまだ六歳でした。小学校に上がる前で、家の近くでお花を眺めては夕方になると帰る、我ながらのんびりした子供だったものです。

たしか、秋になり始めた頃の、日が傾いてきたあたりの時間でした。

いつも行っていた、家の近くの公園で、その日も花壇の花を眺めて、小さなてんとう虫を見つけては声をひそめて見つめたり、飛んでいったらその行方をじっと見たりしていたと思います。

遠い子供時代を懐かしみつつ、そう話すミサコさんの表情は、どこか嬉しそうだった。

見たことのない、若いお兄さんが声をかけてきたんです。

ねえきみ、てんとう虫がどこから来るか知ってるかい、って。

私は、知らないって言いましたけど、あの可愛いてんとう虫がどこから来てどこへ行くのか、すごく興味がわきました。

お兄さんは、当時の私にはすごく大人びた感じに見えましたが、今思えば多分二十歳になるかならないかぐらいだったと思います。長く伸ばした黒い髪を真ん中で分けて、痩せていて、女の子みたいだなと思いました。

服装もはっきり憶えていますよ。新鮮なレモンみたいに黄色いシャツと、黒いズボンがすごく目に鮮やかでした。

でもどうしてでしょうね、顔だけはどうしても思い出せないんです。

ミサコさんはそう言って、一旦ビデオ通話の画面から外れた。

ごめんなさい、子供が牛乳をこぼしたというものですから。

当時の私と同じ、六歳です。結婚して十年目で、やっと授かった娘なんですよ。主人が甘やかすもので、なんでも私にやらせようとするんです。困った子ですよ。

戻ってきたミサコさんがそう話している。

その表情は、心なしかさっきより暗く、疲れを感じさせるように見えた。

今だったら、子供が知らない大人についていくなんて、ありえないですよね。いや、当時でもありえなかったと思います。私も母親からそう教えられていたはずなんですけど、このお兄さんには、惹きつけられるものがありました。てんとう虫がどこから来るのかなんて、どうでもよかったと思います。このお兄さんが教えてくれるのは、きっと素敵なことに違いない。そんなうきうきした気持ちだったのを、今でも覚えています。

お兄さんが連れていってくれたのは、公園から五分ぐらい歩いたところにある、古い旅館でした。そんなところに旅館があるなんて、わたしは初めて知ったんです。立派な瓦屋根と、大きなガラス戸の玄関があって、屋号と家紋が書かれていたんですが、子供の私には読めませんでした。

お兄さんは、私を連れて玄関から上がり込むと、廊下の奥にあった自分の部屋へ、私の手を引いていきました。

ふすまの戸を開けると、床の間には真っ黒の大きな仏壇が置かれていたんです。

変質者による性被害の記憶が、子供の理解力の限界によって、現実離れしたものに変貌することはままあるというが、ここまで警戒しながら聞いてきた私も、仏壇の登場には意表を突かれた。

お兄さんは、仏壇の扉を開けると、私と一緒に正座しました。
仏壇の中はほとんど空っぽだったんです。普通、仏壇の中って位牌とか写真とか、ちーんと鳴らす鐘みたいなやつとか、いろいろあるじゃないですか。でも、あのとき見た仏壇は、そういうのがほとんど入っていなくて、ただろうそく立てとお線香立てがあるだけだったんですよね。
あんなのは初めて見ました。でもおかしいとは思いませんでしたね。これは普通の仏壇じゃないんだ、というのがすぐ呑み込めたような気がします。

私の抱いた違和感に先回りするように、ミサコさんは言った。

お兄さんは「見てて」とだけ言うと、掌《てのひら》を合わせて何かぶつぶつ唱えはじめました。
何を言っているのかはよく聞こえません。でも、お坊さんが唱えるお経ではなかったような気がします。

そうして、一分も経った頃でしょうか。

線香立てに積もっていた灰が、かすかにもぞっと動いたかと思うと、何か小さなものが出てきたんです。

てんとう虫でした。

真っ赤な前羽に黒い星が七つ入った、ナナホシテントウが、お線香の灰の中からもぞもぞ這い出してきたんです。

驚きましたねえ。てんとう虫が灰の中に住んでいたなんて、知りませんでしたから。

私が「わあ……」と小さな声を出すと、積もっていた灰がさらにもぞもぞし出して、てんとう虫が次々に這い出してくるんですよ。

どんどん出てきて、ついにお線香立てはてんとう虫でいっぱいになりました。

お兄さんは、合わせていた手を広げると、お線香立てでいっぱいのてんとう虫を自分の両掌に乗せて、立ち上がって窓のほうに行きました。

そして、「行っておいで」と声をかけると、てんとう虫たちは一斉に飛んでいったんです。

お兄さんは、私のほうを振り返ると「ね」と声をかけました。

いいものを見たな、という気持ちでした。

そうして、またお兄さんに連れられて、さっきまでいた公園に帰ったんです。

口止めですか？　別にされませんでした。

でも、親には言いませんでしたね。なんだかもったいないような、自分の胸だけにおさめて大事にしておきたいような、そんな感じがしたんです。


私は生き物や昆虫にそれほどくわしいわけではないが、てんとう虫が灰の中に生息するなんて聞いたことがない。

かといって、何かいまわしい記憶を変容させたとしても、脈絡がなさすぎる。

解釈に困り果てている私を横目に、ミサコさんは話を続けた。


次の年に、またてんとう虫を見かけたので、あのお兄さんに会いたくなったんです。

記憶をたよりに、公園の周りをうろうろと歩いて、一時間ぐらいかかってようやくそれらしい場所にたどり着いたんですが、旅館の建物は見る影もなく荒れ果てていました。

一年やそこらであんなぼろぼろになるはずはないんですけど、屋根の瓦もあちこち剥《は》がれ落ちていて、玄関のガラス戸も割れていて、木の板が打ち付けてあったんです。もう何年も前から放置されているようでした。

何がなんだかわからないまま家に帰って、親に「あそこに旅館あるよね？」なんて確かめる気にもなれず、この話は誰にもしないまま四十年も経ってしまいました。

親にも言わなかったことを、なぜ今になって話してくれたんですか。

私はそう聞いてみた。

私も大人になって、結婚して娘も生まれました。その娘も、あのときの私と同じ六歳になったんです。

実はこの前、娘と一緒に公園に行ったら、てんとう虫がいっぱいいたんですよ。

そうしたら、娘が言ったんです。

「ママ、てんとう虫ってどこから来るの？」

夜の魔物

話者の名前も、性別も、年代も、住む地方も、すべて表に出さない。仮名も書かない。その条件で、書くことを許された話である。

その人はひとり暮らしの部屋で就寝中、足の裏に激痛を感じて目が覚めた。上体を起こすが、足には何か重いものが乗っているらしく、動かない。うっすらとした常夜灯のあかりの中、足元に目をやると、白っぽい人間がこちらに背を向けて馬乗りになり、私の足首をつかんでいた。

そして、足の裏を何か鋭いもので突き刺している。

悲鳴をあげようとしたが、喉が詰まって声が出ない。

足の裏にはいくつも穴があき、ぬるぬるとした血が流れているようだ。必死で足をばたつかせようとしたが、強い力で押さえつけられていて、びくともしない。

白っぽい人間をどかせようと、手で押してみた。

その身体はぶよぶよしていて、押すと手がそのままずぶずぶとめり込んでいく。なんの手応えもなく、どかすことができない。

首をひねって足元に目をやると、そいつが足の裏を刺しているものが見えた。ようやく何で刺されているかわかった。

痛みと恐怖のあまり、そのまま気を失ってしまった。


私が目を覚ますと、右足が麻痺して動かなくなっていました。

それ以来、ずっとこうして杖をついているんですよ。


その人は、そう語って話を終わらせようとした。


ちょっと待ってください、わからないことが多すぎます。

その白っぽい人間は何者だったんですか。何歳ぐらいなのか、男なのか女なのか。太っているのか痩せているのか。髪の毛は長いのか、それとも禿げているのか。それぐらいは教えてもらわないと、怪談にならないですよ。

それに、足の裏を刺していた凶器はなんだったんですか。

この話のキモはそこなんです。そこを話してくれないのは、何か理由があるんですか。

私がこう食い下がると、その人はいかにも不承不承ながらといった風情で、口を開いた。

何も持ってなかったんです。

そいつは、指で私の足裏を刺していたんですよ。手の指を足の裏にぶすりぶすりと突き刺しては、血のついた指をしゃぶっていたんです。

嫌な顔でしたよ。

それから、その白っぽい人間の姿について、目の前にいるかのように、細かいところまで語り、私に教えてくれた。

しかし、その人物像をここに書くことは、どうしても許してもらえなかった。

今目の前にいる、その人自身にそっくりだったのである。

紐づけられた記憶

タカシさんが、トシノリさんに会ったのは十五年ぶりだった。大人になって再会したふたりは、どちらも喪服姿だった。

小学四年生まで住んでいた町で、トシノリさんは一番の友だちだったのだ。タカシさんはいつも学校から帰ると、ランドセルを置いてすぐトシノリさんの家に遊びに行っては、彼の部屋でゲームをやっていた。

彼の家は立派な二階建て住宅で、二階にはトシノリさんの部屋とお姉さんの部屋があり、高校生くらいで美人だったお姉さんに、ほんのりと憧れていたのを思い出す。

トシノリさんは、子供ながらがっちりとしたタイプの少年だったが、お姉さんとお母さんは、ほっそりとした美人だった。広い家に、この三人だけで住んでいるようだ。お父さんは、トシノリさんが小学校へ入る少し前に亡くなったと聞いている。

タカシさんが親の転勤で遠くに引っ越してからは、会うこともなかったのだが、こちらの町にはタカシさんのお父さんの実家があり、そこには祖父母と伯父一家が住んでいた。

その祖父が亡くなったので、お葬式のため両親ともどもこの町へ来てみると、担当者がなんと、地元の葬儀社に勤めていたトシノリさんだったのだ。

タカシさんとトシノリさんは、挨拶を済ませると、葬祭会館の隅で、しばし古い記憶や近況について語り合った。

「あの頃は楽しかったな、タカシが来るのをみんな待ってたよ」

「いつも本当に世話になったね。今日もこんなふうに世話になるなんて思わなかったけど」

「俺は高校を出てすぐこの会社に入ったんだ。結構やりがいのある仕事だよ」

「トシノリは頑張ってるなあ。俺なんか大学は出たけどうまく社会に適応できなくて、職を転々としてるよ」

「まあ、そのうちいい仕事に巡り会えるよ。お祖父《じい》さんもきっとそう信じてるさ」

「ありがとう。トシノリのご家族も変わりないか？　お母さんは元気にしてる？」

「うん、うちの母は元気だよ。仕事は定年になって、よくひとりで温泉に行ったりしてる」

「お姉さんも元気？」

「姉ちゃんか、姉ちゃんなら高校を出て就職してからすぐ結婚して、子供が四人もいるんだよ」

「そうかあ。お祖母《ばあ》ちゃんは？」

タカシさんの口から、自分ではまったく言おうとしていないはずの言葉が、ごく自然に転がり出た。

なぜこんなことを口走るのか、わからない。

トシノリさんの家で、お祖母ちゃんなんて一度も見たことないし、話に聞いたこともないのだ。

トシノリさんはびっくりした様子で一瞬固まると「あぁ……。祖母ちゃんね。うん、その……。死んだんだ。ごめん、ちょっと……」と口ごもりながら答えて、そそくさと仕事に戻っていく。

タカシさんは、無意識に言葉が出たことが気持ち悪くなり、喪主をつとめる伯父《おじ》さんのところへ話をしに行った。

「伯父さん、トシノリのことなんだけど……」

「ああ、タカシの友だちだったってな。まあ子供に罪はないが、あんな家とは付き合わないほうがいいぞ。この葬式の担当だって、できれば外してほしいくらいなんだ」

伯父さんが教えてくれたのは、こんな事情だった。

トシノリさんの家には、もともと意地悪なお祖母ちゃんがいて、息子の嫁すなわちトシノリさんのお母さんをいびっていたのだが、トシノリさんのお父さんが亡くなり、お父さん名義だった家をお母さんが相続したことで、立場が逆転して、今度はお母さんが姑であるお祖母ちゃんをひどく虐めるようになったのだという。

お祖母ちゃんを狭くて日の当たらない仏間に押し込め、外出もさせず、食事も少ししか与えなかったそうだ。お祖母ちゃんが逆らうと、お母さんと娘、つまりトシノリさんのお姉さんが、ふたりがかりでお祖母ちゃんを叩いたり踏みつけたりしていたというのだった。

お祖母ちゃんは心を病み、押し込められていた部屋の鴨居には、首吊り用の紐が何本も掛けられていたという。

それも、思い余ったお祖母ちゃんが紐を掛けているところをお母さんが見つけて、このくそばばあ、あてつけがましいことをしやがって、そんなに死にたいなら手伝ってやるわよ、と言って、お母さんとお姉さんがそれぞれ何本も掛けたのだそうだ。

「じゃあ伯父さん、俺がトシノリの部屋へ遊びに行ってたとき、あの家では首吊りの紐が何本もぶらぶらしていたってことなの？」

「そういうことになるな。俺も知ったのはもう少し後のことだったけどな。お前たち一家が引っ越していってまもなく、ばあさんは真冬の川に身を投げて、凍え死んだよ。押し付けられた紐で首くくるのは嫌だったんだろうな。こっちじゃ結構な騒ぎになったんだぞ」

その後、葬儀の一切が終わってタカシさんたちが帰るまで、トシノリさんと顔を合わせる機会はなかった。タカシさんとしては、会ったらどんな顔をすればいいのかわからないので「ほっとしましたよ、本当にお祖母ちゃんには合わせる顔がないですからね」と私に語ってくれたのである。

タカシさんは、今「お祖母ちゃん」と言ったことにも気づいていないようだった。

俺にしか見えない

フトシさんが、ひとり暮らしのアパートに帰ると、もうひとりの自分がいた。

ドアを開けると、今自分が着ているのと寸分も違わぬ服装をして、鏡で見るのとまったく同じ顔の自分が立っていた。

驚いたが、まばたきをするとすぐ消えた。


それが、二十年前のことなんですよ。

うっすらと煙たい居酒屋で、フトシさんはそう言うと、冷やのコップ酒を口に運んだ。

私の頼んだ焼き鳥も運ばれてきた。


それから、もうひとりの自分は何度も何度も現れた。

頻度はさまざまである。四日続けて出たときもあり、二ヶ月間出なかったこともあった。

家に誰かを招いたときは、決して出なかった。たぶん自分にしか見えないのだろうと思った。

ざっとならせば、月に二回ぐらいですかね。最初はびっくりしましたけど、別に悪さをするわけでもないし、知り合いのお寺で聞いてみても、何も悪いものの気配はないって言われたし、気にしないことにしてるんですよ。他人ならアレですけど、自分の分身みたいなものでしょ。俺にしか見えないんだから、まあいいかなって……。
だけど、だんだん変わってきたんですよ。最初は俺とまったく同じだったんだけど、次に見たときはちょっと違う。背が少し低くなっていたんですよ。服装は同じだったんですけどね。

その次は、顔の形が細長くなった。
その次は、両目の間隔が広くなっていた。
その次は、手が少し短くなっていた。
そうして少しずつ、もうひとりの自分は変貌していったのだという。
人間の形をしていたのは、最初の三年まででしたね。
五年目には、四つん這いになっていましたよ。

十年目には、ふやけた指みたいなトサカが生えてきました。

一番最近見たのは、おとといです。

四本足のニワトリみたいなやつが、同じ作業服を着て、玄関で待ってたんですよ。

フトシさんは、社名入り作業服のえりをつまんで、私に見せてきた。

そのうれしそうな様子を見ていると、私は心配になってきた。そんなものが自宅に現れているのに、どうして平気そうなのか。

だって、あれは俺なんですよ。

どんなに姿が変わっても、なぜかわかるんです。あれは俺です。どう見ても、俺にしか見えないんですよね。

そう言うと、フトシさんは三本目のお銚子を注文した。

私も、焼き鳥を五本追加注文した。

家族写真

ファミレスのテーブルの上で、サトルさんが「これ見てください」と差し出したのは、一枚の写真だった。

公園らしい並木道で、六〇代ぐらいの男性と女性が、ひとりの幼児を真ん中にして並んで立ち、その子の両手をそれぞれつないでいる。おそらく初老の夫婦とその孫であろう。みんな笑顔で、微笑ましい家族の写真だ。

三十年前、三歳のサトルさんと、母方の祖父母を撮影したものだという。

「祖父は十五年前、祖母は八年前に亡くなりました。ふたりとも、この写真はすごく気に入ってましたね。遊びにいくたびに、この写真を撮ったときの話をしていたものです」

サトルさんは、祖父母の思い出をゆっくり反芻《はんすう》しながら、チーズケーキをフォークで削り取り、写真の中の幼いサトルさんによく似た、二歳だというリュウセイくんの口に運ぶ。奥さんの仕事の都合で、今日は子連れでの取材である。初対面の私を前にしても物おじしない、度胸のある子だ。

じゃあ今度はこれを見てください、とサトルさんはスマホを操作した。私のスマホに、ＬＩＮＥで画像が送られてくる。

先ほどの写真と同じく、公園で初老の夫婦と孫が手をつないでいる。服装もほぼ同じだ。しかし、手はつないでいるどころかくっついてつながっているように見えるし、三人とも顔はのっぺりとして目が細く、キツネのお面のようになっている。

「これ、ＡＩで生成した画像なんです」

最近はやりの、ＬＩＮＥでキーワードを送ると、それに合わせてＡＩが生成した画像を送ってくれるというサービスだ。私も遊んだことがある。素《す》っ頓狂《とんきょう》なキーワードを入れたのに普通のスナップ写真っぽい画像ができたり、逆に人の名前をただ入れただけなのにアニメ調の絵が出てきたりして、なかなか楽しい暇つぶしになる。私が自分の名前を入れたときは、なぜかイラスト調で、スーツを着た男ふたりの姿に、読めない文字のロゴがいくつも重なった、刑事もの漫画の表紙みたいな画像が出てきて、大笑いしたものである。

そんなことを思い出していたら、サトルさんがつぶやいた。

「ためしに、僕の名前をフルネームで入れてみたんですよ。そうしたら、自動的にこれが出てきたんです。そんなことってありますか。あの写真はネットにアップしたことなんかないんですよ。祖父母が何か伝えたいんでしょうか。何か悪いことが起きないといいんですけど」

サトルさんが帰った後、私も試しに彼の名をフルネームで入れてみた。何度入れても占星術のホロスコープのような図形しか出てこなかった。

断捨離

サエコさん夫婦は、衣替えを機に、いらなくなった服の断捨離をした。夫が八キロも太ってサイズの合わなくなった革ジャン、買ったもののいまひとつ似合わなかった濃紺のガウチョパンツと白いブラウス、新しいのを買っていらなくなった丈の長いカーディガン、若い頃にライブで買った洋楽のバンドTシャツなどなど、まとめてリサイクルショップへ持ち込んだ。買取額は微々たるものだったけれども、クローゼットがすっきりしたことで、気分はよかったという。

それから間もなくのことである。

残業を終えたサエコさんは、帰宅するため電車に乗っていた。空席の目立つ、それほど混んでいない車両だった。

白宅最寄り駅の三つ手前で、乗車してきた男が、サエコさんの隣に座った。ほかにも空席はいくらでもあるのに、ぴったりとくっついてきたのである。

ぞっとしたサエコさんは、気づかれないようこっそり目を動かし、その男を見た。野球帽を目深に被っていて顔はよく見えないが、おそらく三十歳ぐらいの、見知らぬ男だった。

だが、たしかに見知らぬ男なのに、どこか見覚えがあるような気がする。

その男が着ていたのは、先日リサイクルショップに売ったばかりの、夫の革ジャンだった。微妙なくたびれ具合も、間違いなく見覚えがある。そういえば、その下に着ているTシャツも、売ったばかりのバンドTシャツだ。

男の身体が、じりっとこちらへ寄ってきた。腰と太ももが、微妙に触れるか触れないかの距離である。これは痴漢だ。サエコさんはそう思ったが、反対側に避けようにもそちらには別の客がいるし、手を出してきて触るわけではないので「痴漢です」と声を上げるのもためらわれる。立ち上がって逃げても、もしついてこられたらと思うと足がすくんで動かなかった。

結局、サエコさんはそれから一駅をやり過ごすと、最寄り駅を知られたくないのでひとつ手前の駅で、思い切って立ち上がり、電車を降りた。男はついてこなかったので、改札を出てほっと胸をなでおろしたのだった。嫌悪感で身体が震えていたが、駅前のコンビニで熱いコーヒーを飲み、ひと息つくと震えが止まった。それから一駅分歩いて、ようやく帰宅したのである。

マンションの六階にある自宅のドアを開けると、サエコさんの夫は先に帰宅していて、食事の用意をして待っていた。数年ぶりで痴漢に遭ったサエコさんの動揺も、夫の顔を見るとすっかり落ち着いたのだという。

それは怖い体験をされましたね。でも、これは怪談というより、ただの変質者の話ではないでしょうか。

私がそう言おうとしたのを遮《さえぎ》るように、サエコさんは話を続けた。


その夜、二時のことである。サエコさんと夫はぐっすり眠っていたが、インターホンの音でふたりは目を覚した。

こんな時間に何事か、と夫とともにリビングへ行きインターホンの画面を見ると、そこには髪を長く垂らした女が立っていた。見知らぬ女だったが、その格好には見覚えがある。

サエコさんがその日処分したはずの、ブラウスと濃紺のガウチョパンツを身に着け、丈の長いカーディガンを羽織った、陰気な顔の女だった。

逞《たくま》しくていつも頼りがいのある夫が、「ひっ」と女のような声を漏らした。同時に、玄関のドアハンドルをガチャガチャと鳴らす音がする。

サエコさんはすぐスマホを手にとって一一〇番した。知らない女がドアを開けようとしています、すぐ来てください。そう言うのが精一杯だった。

「すぐ警察官を向かわせます。絶対にドアを開けないでください」と係官は言った。腰が抜けてしまい、寝室の床にへたりこんで震えていた。夫はサエコさんを包むように抱きかかえると、「大丈夫、今警察がくるからね」とささやいていた。

ドアを開けようとする音は、すぐにおさまった。インターホンの画面にも、女の姿はなくなった。すると間もなく、建物の外で「ごつん」と硬いものがぶつかるような音と、「バシャン」とバケツの水をぶちまけたような音が、同時に聞こえた。女が飛び降りたんだな、と思ったという。

サエコさんも夫も、外に出て確かめる勇気は出なかった。

十分ほどで警察官が到着したが、玄関の外には誰もおらず、飛び降りたであろう人間の痕跡も、一切なかった。インターホンには録画データがあるはずだが、誰かがボタンを押した記録すら残っていなかった。

何が起こったのか、サエコさん夫婦にはまったくわからず、訝《いぶか》しむ警察官の事情聴取にも、訪ねてきた女にはまったく心当たりがない、どこへ行ったのかは見ていない、としか言えなかったそうだ。

気持ち悪くなって、そのマンションからはすぐに引っ越したんです。もっと広いクローゼットのある、郊外の一軒家にしました。
もう断捨離はこりごりですよ。

そう言って、サエコさんは小さく笑い、席を立った。
スリムな体型に、スキニージーンズと濃紺のジャケットが、よく似合っていた。

トンネル帰り

ミチハルさんは、マスクの隙間にストローを差し込んでアイスコーヒーをすると、いかにも嬉しそうに話し始めた。

これはある友人から聞いた話なんですが、彼の友人のAさんが、今から十年前の高校三年の夏休みに、実際に体験したことだそうです。

ある山奥に、人も車もほとんど通らない旧道のトンネルがありました。そこは有名な心霊スポットだったのです。昔そこで、女の人が変質者に殺されました。マグロを解体するのに使う大きな刺身包丁で、両耳を切り取られ、右の眼球を抉《えぐ》り出され、全身を三十八箇所も刺されていたそうです。犯人はいまだに捕まっていません。

ミチハルさんは、エア包丁で人の耳朶《じだ》を切り取り、目に突き刺す仕草をしながら、芝居気たっぷりに話す。

私は頷《うなず》きながら、アイスティーに生のレモンをしぼり、指をナプキンでぬぐった。

犯人が捕まっていないのになぜ凶器が刺身包丁だとわかったのか、ツッコミを入れるのは後にしようと思った。

その夏に車の免許を取ったばかりだったAさんは、友だちのBさん、Cさんと三人連れ立って、肝試しにそのトンネルへ行きました。目的地はAさんの家から一時間ぐらいのところで、みんなで出発してからしばらくは「霊なんているわけない」「いやいる」とワイワイおしゃべりしていたそうですが、だんだん車が目的地へ近づいて、人家もなくなり、暗い山奥へ入っていくにつれて、道が細くなって車同士がすれ違うのがやっとぐらいになり、みんなの口数も少なくなっていったそうです。

トンネルの周りは真っ暗で、夏なのにひんやりとした空気が漂っていました。Aさんたちはそこで車を停めると、ひとりずつ懐中電灯を持って、向こう側まで歩いて往復してくることにしました。

まずAさんが行きました。中はじっとり湿っていて、内側の壁面にはいっぱいシミがあって、人の影みたいでとても不気味だったそうです。それを避けて反対側まで行き、往復すると五分ぐらいかかったそうです。それからBさんに交代して、Bさんがやはり五分後に戻ってくると今度はCさんが懐中電灯を持って、トンネルの中に入っていきました。

ところが、十分経っても十五分経っても、Cさんは帰ってきません。Aさんたちは、おかしいなと思って大声でCさんを呼びました。

「おーい、どこに行ったんだ」

「隠れて驚かすつもりかよ、やめてくれよお」

返事はありませんでした。

ミチハルさんは、会ったこともないはずのAさんとBさんの声色を使い分けながら、実に流暢《りゅうちょう》に話を続ける。

これはおかしい、怖くて気絶でもしたんじゃないか。そう心配になったAさんたちは、ひとつしかない懐中電灯をCさんが持っていってしまったので、車に乗ってライトを点け、トンネルの中に入っていきました。ゆっくりと徐行しながらCさんを探しましたが、トンネルの中にCさんはいませんでした。

そして反対側の出口まで行って、ふたりで車を降りて周囲を探すと、そこには点灯したままの懐中電灯が落ちていました。そして、どこにもCさんの姿はなかったのです。

Aさんはあわてて、Cさんの携帯に電話をかけてみました。すると、意外なことにCさんはすぐ出たのです。

「はいもしもし、Cです」

驚いたAさんが「お前どこにいるんだ？」と聞くと、Cさんは「え？　家にいるけど」と答えたそうです。

電話の向こうでCさんは、今日はずっと家にいて、出かけてなんかいないと言いました。でもCさんはたしかにさっきまで一緒にいて、その証拠に懐中電灯はここに置かれているのです。混乱したAさんとBさんは、とにかく車でCさんの家まで行ってみようと、Aさんが運転席に、Bさんが助手席に乗り込みました。そして、車を切り返して向きを反転させるために、バックミラーに目をやったのです。


ここで、ミチハルさんはぐっとタメを作った。私も、ミチハルさんのリズムに合わせて身を乗り出す。それが聞く側の礼儀であろうと思ったからだ。

すると、誰もいないはずの後部座席に、両耳と片目のない、血まみれの女がうつむいて座っていたのです……。

ミチハルさんは、マスク越しでもわかるほど表情豊かに、身振り手振りを交え、情感を込めてたっぷりと間を取りながら、ここまで話してくれた。

私は、恐怖に震える顔をしつつ、この話を聞くのは何回目だろう、と心の中で指折り数えていた。

怖い話を知っていますというので聞いてみると、こういうありきたりな話を、やたら技巧をこらして語る人だったというのはよくあることだ。とくに最近は話芸としての怪談がブームで、動画サイトで見た語り部の真似をしたがる人が増えている。

私は怪異を蒐集《しゅうしゅう》し文章にする怪談作家であり、話芸の専門家である怪談師ではないのだが、ミチハルさんはその辺の区別には興味がないようで、僕の語りはプロの目から見て何点ですかとでも言いたげな目でこちらを見ている。

私が、これはいい話ですねえ、と感心のため息をついてみせると、ミチハルさんはマスク越しでもわかるほど満面の笑みを浮かべた。

お友達のお友達から聞いた話も結構ですが、ミチハルさんご自身の体験されたお話はありませんか。私がそう水を向けると、ミチハルさんは眉をひそめてしばし考え込んだ。

私はマスクをずらして、空になったアイスティーのグラスに残っていた氷のかけらを口に放り込み、噛み砕いて彼が口を開くのを待った。

うーん……僕はそんな、わざわざ言うほどすごい体験をしているわけではないんですけど、今年の正月に実家へ帰ったら、去年亡くなった祖父ちゃんが、普通に茶の間に座ってたんですよ。親父と一緒に、こたつにあたっていました。でも僕の顔を見たらしゅーっと小さくなって、親父の口の中に吸い込まれたんです。びっくりしたんですけど、親父やお袋には何も見えてなかったみたいなので、たぶん気のせいだと思うんですよね。大したことじゃないですけど。

私は、頬がつい弛《ゆる》むのをマスク越しに悟られないよう、神妙な顔をするのに必死だった。

子供たちの朝

ユウゾウさんが、父の命日に墓参りしたときの話である。

日が昇り始めた朝早くに、ユウゾウさんは山肌にへばりつくように造成されている墓地へやってきた。誰もいなかった。父の墓は頂上近くにある。

父が亡くなって、二十年になる。母は高齢のため、数年前からユウゾウさんひとりで墓参りをするようになった。ひとりっ子のユウゾウさんは独身のため、この墓に参る者も、自分の代で絶えることになるだろうと思うと、父に申し訳ない気持ちになる。

設置されている水道で手桶に水を汲み、うむ、と気合を入れて墓地の中央にある通路を歩いてゆく。朝陽のまぶしさに、ふっと目がくらむような感覚をおぼえた。

誰もいないはずの墓地に、何か動くものの気配が生じた。

他の墓参客が来たのかと思ったが、通路を登ってくるものは誰もいない。

左右に並んだ墓の、石の上をぴょんぴょんと跳ねるものがあった。

墓石から墓石へ、漫画に出てくる忍者のように、飛び移っているものの姿が、ユウゾウさんの目に入った。

通路を挟んだ左右の墓で、赤っぽい着物の女の子と、青っぽい着物の男の子が、飛び回っていた。女の子はおかっぱ頭で、男の子は坊主頭だ。動きが速く、顔は見えない。明らかにこの世のものではない。ユウゾウさんは、見えていないふりをすることにした。飛び回る子供たちを無視して、父の墓にたどり着く。子供たちもついて来て、左右の墓にそれぞれ降り立つ。こちらを向く。

ふたりとも、顔がなかった。

坊主頭とおかっぱ頭の下には、大きな穴が開いているかのように、真っ黒だったユウゾウさんは、怖いと思うよりなぜか無性に腹が立って、線香の束に火をつけると、虫でも追い払うようにそれを振り回した。

声も出さずに、子供たちは掻き消えた。

父の墓石を洗おうとすると、さっきまでいっぱいに水が入っていたはずの手桶が、空っぽになっていたという。

来年はもう少し陽が高くなってから来よう、とユウゾウさんは思ったそうだ。

赤い羨望

ある地方都市のデザイン事務所で働く、ミカさんから聞いた話である。

ミカさんはその夜、遅くまで残業だった。疲れ果てて帰りの電車に乗り込み、ボックスシートの席に座った。電車はそれほど混んでいない。ミカさんの隣は空席で、ボックスの向かいも、女性がひとり座っているだけだった。ごく普通の、紺色のパンツスーツに身を包んだ若い女性だったという。

ミカさんは明日の予定をチェックするため、スマホのカレンダーをチェックしていた。明日の朝はまず燃えないゴミを出して、夜勤を終えて帰ってくる夫の食事を用意してから家を出て、出社してすぐにクライアントとの打ち合わせが一件あって、昼休みには銀行で家賃の振り込みをして……。

うんざりしたミカさんが、スマホの画面を閉じて顔を上げると、眼の前にいた女性客の姿が、真っ赤になっていた。輪郭だけがそのままで、頭のてっぺんから足の先まで、絵の具で塗りつぶしたように赤一色の、ぺらっとした平面にしか見えなかったという。

ミカさんは、驚くのも面倒くさいほど疲れていたので、見ていないふりをした。頬杖をついて窓の外に目をやる。外は真っ暗で、窓ガラスには自分の顔が映っていた。向かいの、女の輪郭をした赤い影は、映っていない。

正面に目を戻すと、誰もいなかった。席を移動したのかもしれないと思って、車内を見回しても、さっきまでいた女の姿も、赤い影も、どこにもなかった。

なぜでしょうね、そのとき、自分も早くこれになりたい、と思ったんです。

そう話すミカさんは、来月には仕事を辞め、夫とも離婚し、友人がゲストハウスを経営しているベトナムへ移住する予定だそうである。

花嫁の血

その日は大雨だった。トモコさんは、忙《せわ》しく動くワイパーの向こうを注意深く見ながら、車を運転していた。買い物を終えて、後部座席には生鮮食品がたくさん積まれている。冷凍食品もあるので、なるべく早く帰りたかった。しかし天候は悪く、道路も混んでいる。トモコさんはいらいらしていた。

交差点の先頭で信号待ちをしていると、カーラジオからは「大雨に充分警戒してください」というアナウンサーの声が流れてきた。トモコさんは、そんなのわかってるよ、と言いたい気持ちになる。ワイパーの向こうで、信号が青になるのが見えた。アクセルを踏み、車を発進させる。

そのとき、眼の前の横断歩道に、ウエディングドレスを着た女が飛び出してきた。

心臓がせり上がるようなショックを感じながら、トモコさんはブレーキを踏む。まだスピードはあまり出ていなかったが、急ブレーキの衝撃で顔がハンドルにぶつかりそうになる。後部座席に積んでいた買い物のエコバッグが、がしゃがしゃと崩れる音が聞こえた。同時に、バンパーに人がぶつかる衝撃とともに、花嫁が倒れるのが目に入った。

止まりきれずにはねてしまったのか、それとも停まった車に花嫁がぶつかってきたのか、どちらとも判断がつかないタイミングだった。

いずれにせよ、無視するわけにはいかない。赤信号の横断歩道に飛び出してきたとはいえ、人身事故となれば警察を呼ばないわけにはいかないし、場合によっては救急車を呼ぶ必要もあるだろう。トモコさんは血の気が引くのを感じながらもあわててハザードランプをつけると、あの花嫁の様子を確認しに、傘を手に取って開きながら車から降りた。

倒れているはずの花嫁は、どこにもいなかった。立ち上がって去ったのではとあたりを見回しても、歩いている人の姿はひとつもなかった。後ろの車がクラクションを鳴らしている。トモコさんは、そちらへ駆け寄って窓をノックしてみた。営業マンらしき中年の男性が窓を開けると、いらいらした気持ちを懸命に抑えたような顔で「どうしたんですか」と言う。今、人が飛び出してきたような気がしたんですが、とトモコさんが控えめに言うと、「誰もいなかったよ、大丈夫ですか」と今度は心配そうな様子でトモコさんの顔を見つめた。

すみません、見間違いだったみたいです、と頭を下げ、傘をたたんで車に戻り、再び発進させた。大雨にいらいらして幻でも見たのではないか、と無理やり自分を納得させて、自宅までなんとか帰り着く。後部座席でひっくり返っていたエコバッグを取り上げると、中でビニール袋の破れたじゃがいもが転がっていた。

傘をさしたまま車の前方にまわり、じっくり確認してみる。

花嫁とぶつかったはずのバンパーには、傷ひとつなかった。ボンネットにも、フロントガラスにも、事故を思わせる形跡はなにも残っていない。

ただ、バンパー右前方の角に、赤い液体が付着していた。ずっと激しい雨に洗われていたにもかかわらず、筆でちょんちょんと付けたような赤い液体が、何滴か付着しているのだった。

気味悪くなったトモコさんが、持っていたハンカチで拭《ぬぐ》うと、なんの抵抗もなくその液体は取れた。トモコさんは家に入り、エコバッグを床に置くと、すぐそのハンカチをハサミで細かく切り刻み、ゴミ箱に捨てた。


妻はその夜に高熱を出し、四日後に亡くなりました。髄膜炎でした。


この話は、トモコさんが熱にうなされながら途切れ途切れに話した内容を、三年後の現在、ご主人がまとめて語ってくれたものである。車は現在もご主人が乗っている。

私はご主人に、ゴミ箱に捨てられていたハンカチの破片はどうなったのか、そもそもなんでハンカチを切り刻んだりしたのか聞いてみたのだが、トモコさんの急病と急死でそれどころではなかったという。もっともなことである。

なお、トモコさんとご主人の結婚式は、和装だったそうだ。

お疲れ様でした

そういえば僕も不思議な経験をしたんです、とトモコさんのご主人は話を続けた。

奥さんが亡くなり、四十九日の法要も終わって間もなく、ご主人はかつてふたりでドライブした思い出の地をめぐる旅をしたそうだ。

初日は、結婚前にふたりで泊まった温泉地へ、記憶を頼りに向かったのだが、十年近く前のことなので道路も変わっており、道に迷ってしまった。やむなく、使わないつもりだったカーナビに、目的地をセットする。

なんとなく、ふたりの間に機械が入ると、邪魔されるような気がしたんです。

ご主人はそう語った。

カーナビを設定してからは、迷うこともなくすいすいと走っていくことができた。間もなく、見覚えのある道へ入っていき、目的地に設定した温泉ホテルが目の前に現れた。

カーナビから「お疲れ様でした」という女性の声がした。

まぎれもない、トモコさんの声だったという。

うちの車についてるカーナビは、自宅に到着したときだけ「お疲れ様でした」と言って、目的地に到着したときは「目的地周辺です」で終わりのはずなんですよ。妻の声がしたのは、後にも先にもそのときだけでした。あれから三年になりますが、目的地をどこに設定しても、どこから帰ってきても、妻の声がすることは二度とありませんでした。僕の聞き間違いかもしれないので、あまり人には言ってないんですけどね。

そうそう、その夜はひとりでそのホテルに泊まったんですが、妻の夢を見たんですよ。どうということもない、ふたりで家で飯を食っているだけの夢だったんですけどね。朝になって、目が覚めるとなんか下半身が冷たいんですよ。お恥ずかしい話ですが、四十を過ぎているというのに、中学生みたいに夢精していたんです。みっともない、わびしいことのはずなんですけど、なぜか嬉しかったんですよ。わかってもらえないかもしれませんが。

私には、わかるような気がしたが、「わかります」と言うのも無責任だと思い、言わないでおいた。

山の声

筆者は生粋のインドア人間であり、アウトドア趣味はまったくない。大流行のキャンプにしても、わざわざテントを張って山の中で泊まるという楽しさがわからないし、焚き火で料理をするのにしても、火加減を調整できない料理なんてする気にもなれない。だからBBQなんてのも、やる気にはなれない。そんな風に思っている私でも、怪談の蒐集なんぞをやっていると、いやでも耳にする話はあり、豆知識もいくつか貯まってくる。

山で「おーい、おーい」と呼ぶ男の声を聞いたら、決して近づかずにすぐ逃げろ。子熊が母を呼ぶ声はそう聞こえるからだ。

山で「きゃー」と叫ぶ女の悲鳴を聞いても、慌てることはない。発情期の牡鹿《おじか》が、牝《めす》を求めて鳴く声はそう聞こえるからだ。

つまり、山の怪異のうち、自然音を人の言葉だと誤認したものは少なくないのだ。

そして、これはバイクとソロキャンプを趣味とするノリユキさんから聞いた話である。

ノリユキさんは、その日もバイクに乗って行きつけのキャンプ場へ行き、ソロキャンプを楽しんでいた。テントを張り、チェアを置いてぼんやりと腰掛けているだけでも、至福の時間だった。その日は料理をするのが面倒で、フランスパンとチーズだけの夕食を摂り、さっさとテントに入って寝てしまったのだという。

人は眠るとき最も精神が無防備になる。怪異はそんなときに現れるものだ。

ノリユキさんを襲った怪異も、やはり眠りと現実の間に現れた。床について間もなく、耳元で誰かがしゃべっているような声が聞こえてきたという。

ノリユキさんは一瞬で目が醒めた。耳を澄ますと、今度はテントの外から赤ん坊の泣き声が聞こえてきた。生まれたばかりの、せいぜい二ヶ月か三ヶ月の赤ん坊が泣く声だった。近くに他のテントはない。

あったとしても、こんな山奥のキャンプ場に、そんな小さな赤ん坊を連れてくる人はまずいない。たしかに山では、いろいろな音が人の声に聞こえてくるものだ。でもこんな声を出す動物はいない。

ノリユキさんは、テントを出て外を確かめようと思った。しかし、身体が金縛りに遭ったように動かない。途端に恐怖が襲ってきた。でも身体が動かないため、強く目を閉じ、歯を食いしばることしかできない。心の中でお経を唱えることすら思いつかなかった。

やがて、赤ん坊の泣き声がやんだかと思うと、はっきりとこう言うのが聞こえたという。

「社長、こいつはもう駄目ですよう」

赤ん坊の声が、たしかにこう言うのを聞いた途端、ノリユキさんは意識を失った。気が付いたときは、寝袋に入ったまま、テントの外に転がされていた。テントの中の荷物にはまったく手を付けられた様子もなかったという。ノリユキさんはすぐ荷物をまとめると、バイクに乗ってキャンプ場を去った。そして、帰り道で小さな神社を見つけると、財布の中の現金を、お札から小銭まで根こそぎ賽銭箱に投げ込んできたそうだ。

「そうすれば助かるような気がしたんです」

そう話すノリユキさんの、真剣な眼差しに私は気圧されて、そうかもしれませんね、としか言えなかった。

お金の問題ではないような気がするが、きっとそういう問題でもないのだろう。

永遠の魔女

セイコさんは、六十五歳の今までに何度か経験した、奇妙な体験について語ってくれた。すらりとした体型に、丸顔でぱっちりした目の洋風美人で、若い頃は随分モテたことだろう、とつい下世話な想像をしてしまう。

セイコさんが最初にそれを経験したのは、二十三歳で結婚したときだった。職場で知り合った男性と、すぐに惹かれ合って親しくなったのだという。

婚約者の家へ招かれ、両親に紹介された日のことである。

浮き浮きした婚約者と、緊張したセイコさんを招き入れた両親の目が、すぐに曇るのがセイコさんにもわかった。何が気に入らないのかわからないが、ひと目見ただけでこうなるとは、自分には何かよほど問題があると思われたのだろうか。

応接間に座り、軽い自己紹介を済ませると、父親はアルバムを持ってきて、ある写真をセイコさんに見せた。

おそらく大正時代ぐらいに撮られたであろう、古い写真だった。

和服で正装した、白い立派なひげを生やした白髪の老人と、旅館の仲居さんのような、簡素な和服姿の若い女性が並んで写っている。主人と使用人といった感じだが、そんな関係でこうして並んで写真を撮るというのも奇妙である。かといってスナップ写真にも見えない。どこかちぐはぐな写真に思えた。

そして、セイコさんを驚かせたのは、その写真の女性が、自分にそっくりだったことである。

「つかぬことをうかがいますが、この写真の女性は、あなたのご親類ではないでしょうか」

婚約者の父は、おずおずとこう質問してきた。いいえ、まったく見覚えのない人です、と答えるしかなかった。

そもそもわたしって、親類の誰にも似ていないんです。母はわたしとはまったくタイプの違う、がっちりした顔立ちでしたし、父方はみんな瓜実顔の和風タイプでした。きっと隔世遺伝で先祖の誰かに似たんでしょう。もしかすると、ロシアかどこかの血が入っているのかもしれない、と若い頃は思ったこともありましたが、父も母も既に亡くなりましたので、確かめようがないんです。

セイコさんはそう語ると、話を続けた。

婚約者の父は「ならいいんです。変なことを聞いて失礼しました」と言ってアルバムをしまい、その写真についてそれ以上は何も言おうとしなかった。あとで婚約者にもその写真のことを聞いてみたが、そんな写真は初めて見た、何も知らないと言うばかりだった。わだかまりを残しつつ、結婚話は進んでいき、入籍と新居への入居も済ませ、やがて結婚式の前日を迎えた。

その日、夫の両親はともに首をくくって亡くなったのだという。

連名の遺書には、家や財産の処分について事務的なことだけが書かれていて、死を選んだ理由も、息子とその新妻へ詫びる言葉も、一切なかったそうだ。

当然、結婚式は中止となった。幸福の絶頂から一気に突き落とされた夫の憔悴《しょうすい》はひどく、また、夫の親類から「息子の嫁に問題があったんじゃないか」と責め立てられたこともあり、夫婦の関係は深まる前に破綻してしまった。結局わずか三ヶ月で離婚することになったという。

最初の結婚が不幸な結果に終わったので、わたしはそれから男性を遠ざけて生きるようになりました。まだ両親が健在だったので実家に帰りましたが、働かなければ生活できませんから、仕事を探したんです。幸い、すぐに見つかりました。父の知人が経営する会社で、経理の仕事をすることになったんです。

仕事のやりがいはありました。性に合っていたんだと思います。それで十年ほど勤めた頃だったでしょうか、またあのことが起きたんです。

セイコさんが勤めていた会社は、ある企業の下請けをほぼ一手に引き受けていた。ある日、その父の知人である社長が体調を崩して引退することになった。社長の息子は無関係な別の会社に勤めており、後継者がいないので、それまで仕事を請けていた企業の子会社化されることになった。そして親会社から、新たな社長が送り込まれてきたのだという。中小企業にはよくある話だ。

新たに赴任してきたこの社長は、それまで取り引きしてきたのとは別の部署から来た人で、セイコさんとは初対面だった。五十歳ぐらいの、ビジネスマンとしては温和そうな人だったが、経理担当のセイコさんを見て、眉をひそめたのである。

子会社化から一ヶ月ほど経ったある日、セイコさんは社長室に呼び出された。

そして、また写真を見せられたんです。

社長が見せてきたのは、戦後間もない時期に撮られたとおぼしき写真だった。学帽をかぶった、小学校に入ったばかりらしい少年と、もんぺ姿の三十歳ぐらいの女性が並んで写っている。そして、その女性はセイコさんに生き写しだった。

「つかぬことを伺いますが、この写真は、あなたのお母さんかご親戚ではありませんか」

社長は、いつか聞いたのと同じようなことを、セイコさんに言ってきたそうだ。

もちろん、セイコさんに心当たりはない。いいえ違います、他人の空似だと思います、としか言えなかった。

「そうですか、それならいいんです。おかしなことを言ってすみませんでした」

これは誰なんですか、どういう写真なんですか、とセイコさんは食い下がったが、これはまったく私的なものです、仕事にはなんの関係もないものですから、どうか忘れてくださいと繰り返すばかりだった。

セイコさんは、また何か悪いことが起きるのではないかと不安になったが、その予感は間もなく的中することになる。

社長は、職場から自宅へ帰る途中、物取り目的の男に襲われ、ナイフで刺されて殺害されたのである。

親会社はすぐに新しい社長を送り込んできて、会社は存続できたのだが、セイコさんは気味が悪くなり、その会社を辞めてしまった。

もちろん、わたしのせいじゃないことはわかっています。あの写真の人物が誰なのかはわからないし、最初の写真と今度の写真では年代も合わないから、きっと別人でしょう。なんの関係もないはずです。でも、とにかく気味が悪くて。

そう話すセイコさんは身じろぎひとつせず、まっすぐにじっとこちらを見ている。私は聞くのがつらくなってきたが、とにかく話の続きを待った。

セイコさんは、新しい仕事を見つけると、そこで三十年ほど何事もなく働いてきた。その職場では、六十五歳で定年退職を迎えるまで勤め上げたという。

そんなセイコさんだが、ここ十年ほどSNSを活用している。趣味の手芸や読書について、同好の士と情報を交換するのが楽しみだそうだ。SNSだけでつきあいのある友人も、何人もいるという。

ある日、セイコさんのアカウントに、英語のメッセージが送られてきた。押しの強そうな五十代くらいの白人男性からだった。

最近テレビなんかでよく見かける、国際ロマンス詐欺というやつだろうと思いました。言葉巧みに口説いてきて、そのうち貴女に会いに行きたいが事情があってクレジットカードが使えないから渡航費用を立て替えてほしい、なんて言って高額のお金を巻き上げるやり方があるでしょう。わたしは相手にせず、メッセージは翻訳して読むこともしないで、無視していました。すると、今度は写真つきのメッセージが届いたんです。

セイコさんは、パソコンのスクリーンショットを印刷したものを見せてくれた。

アメリカ人男性らしきアカウントからは、「私の父はヴェトナム戦争に出征しました。常に命の危機と直面する戦場で、彼は国のため勇敢に戦い、幼い私を遺して名誉の戦死を遂げました。父は、戦死する直前に家族に写真を送ってきました。父と、東洋人の老女が写っていました。私はこの人からもうひとつの生命をもらって別の世界へ行くことができるようになった、というような意味の手紙が添えられていました。貴女のプロフィール写真を見て、私は衝撃をおぼえました。父の写真にある東洋人女性と、貴女は生き写しなのです。この女性は、貴女のお母さんではありませんか？　この人について、何か知っていることがあったら教えてください」

そんな内容の英文メールと、軍服姿の兵士と現地協力者らしい六十歳ぐらいの女性が収められた画像が添付されていた。

日の前にいるセイコさんに、瓜二つだった。

わたしはどうすればいいんでしょうか、とすがるような目で見るセイコさんに、私は、とりあえずお金を要求されても絶対に払わないでください、としか言えなかった。

魂の緒

今年八十五歳になるフミオさんが、七十年前におばあさんから聞いた話である。

うちのじいさんがね、あったかい昼下がりに、縁側に腰掛けて居眠りをしていたんだよ。そうしたら、じいさんの口から、半透明のもやもやしたものが出てきたんだな。ばあちゃんがびっくりして見てたら、そいつが五センチぐらいの、服装までそのときの本人とそっくり同じ、小さいじいさんになったっちゅうんだな。その小さいやつがね、糸をひいてじいさんの口から出てきて、そのまま煙みたいに上のほうへ飛んでいこうとしたんで、ばあちゃんがあわててそいつを手でひっつかまえてさ。じいさんの口ん中に押し込んだんだよ。そうしたら、じいさんは間もなく「どうしたあ?」なんで言って目え覚ましたっちゅうんだな。あぶないところだったのに、呑気なもんだとばあちゃんは思ったってよ。

その次の年だったかな、じいさん今度は畑で野良仕事してるときに倒れて、そのまんま死んじまったんだよ。今度はばあちゃんの目の届かないところだったから、ちっちゃいじいさんが出ていったのかどうか、見れなかったのが残念だって言ってたな。

それがね、俺もこの前、同じことがあったんだよ。

パチンコから帰ってきたらよ、女房が昼寝してたんだけど、ちょっと見たら口から半透明のもやが出てたんだ。ばあちゃんの話を思い出してさあ、こりゃいけねえ、魂が抜けるところだと思ったんだよ。もやが小さい人間の形になったからさ、あわてて捕まえたのよ。

それがね、よく見ると女房じゃねえんだ。

俺なんだよ。女房の口から出てきたのは、半透明のちっちゃな俺だったの。

触ってみるとさ、人肌よりちょっとひんやりしてて、わたあめみたいに頼りねえんだ。潰さないように慎重につかんだのはいいけど、どうしたらいいのか迷ったんだよ。

ばあちゃんはさ、小さいじいちゃんを本人の口に戻したっつうんだけど、女房の口から出てきた俺をね、女房の口に戻していいのかどうか、わかんなくてよ。

とっさに、自分の口に入れて飲み込んだの。

味も匂いも、なんにもなかったよ。息を吸ったときみたいに、するんと喉の奥に入っていったんだ。腹に何か入った感じもなくて、いま見たことが本当にあったのかどうか、自信がなくなったよ。俺ボケたんじゃねえのかなって。

女房は、すぐ目を覚ましたよ。あらおかえんなさい、とか言ってさ。ふたり暮らしだからほかに誰も見てねえし、そのことはずっと言わないでおいてるんだよ。

あれから半年経つけどさ、女房は特に何も変わったことはなくて、元気に過ごしてるよ。相変わらずぐうぐう昼寝もしてよ。俺のほうも、どこも悪くなったりはしてねえんだけどさ、なんだかやたらと腹が減るようになったんだよな。

フミオさんはつるりとした頭を手ぬぐいで拭《ふ》くと、三個目のビッグマックにかぶりついた。

蜘蛛の匂い

タクヤさんが、お付き合いしている彼女から寝物語に聞いた話を、ここに再現する。

私ね、小さい頃はふたつ下の弟といつも一緒に過ごしていたの。可愛い子だったのよ。なんでも私の言うことを聞くの。うん、うん、っていいお返事をしてね。お気に入りのおもちゃを私によこせといったらすぐ渡してくれたし、道でおしっこをしてみろといったらすぐやってくれたの。私の実家はすごい田舎で、子供なんて近くにはほかにいなかったしね。遊び相手といったら姉弟ふたりしかいなかったの。

それでね、物置の軒先に蜘蛛《くも》の巣がいっぱいできてたの。女郎蜘蛛っていうのかな、黄色っぽい縞《しま》模様のやつが何匹もいてね。あれになんだか腹が立ったの。だって、人の家に我が物顔で巣を張るなんて、図々しいじゃない。

だから私、蜘蛛を全部つかまえてこい、って弟に言ったの。そしたら、うん、って言ってすぐ捕りにいったのよ。大きな巣を素手でむしって、逃げていく蜘蛛を手づかみにして、幼稚園の帽子に突っ込んで、はいお姉ちゃん、って見せてくれたの。七匹いたかな。

そいつをね、ふたりでやっつけていったの。

蜘蛛の脚って八本あるのね、それをぷちぷちもいで、庭の地面に捨てていってね。全部もぐのはたいへんだった。でも蜘蛛の生命力ってすごいのね。脚を全部もがれても、まだ生きてたの。びっくりしたわあ。だからね、まだ生きてる胴体を地面に置いて、お父さんのライターオイルをこっそり持ってきて、油をかけて火をつけたの。

あのね、蜘蛛が焼けるときの匂いって知ってる？

すっごくいい匂いがするの。甘くて香ばしくて、とろんとなりそうな匂い。私たちふたりとも、うっとりした気持ちで、蜘蛛が黒焦げになるのをずっと見てた。

だけど、弟はそれからしばらくして、飲酒運転のダンプに轢《ひ》かれて死んだの。大きなタイヤに巻き込まれて、手足がばらばらにもげて即死だったんだって。棺桶に入って帰ってきたんだけど、私、ばらばらになった弟の死体が見たい、って泣いてせがんだの。でもどうしても見せてもらえなくて、本当に悲しかった。いつまでも泣いてた。

でも火葬場に行ったらね、弟の死体を焼くときに、あの匂いが鼻に飛び込んできたのね。蜘蛛が焼けるときの、目がとろんとなりそうな香ばしい匂い。

お父さんもお母さんも、そんな匂いはしてないって言うんだけど、私はたしかにあの匂いを嗅いだの。絶対に嘘じゃない。

それから私は、あの匂いをまた嗅ぎたいと思い続けているの。

でも蜘蛛を捕まえるなんて私にはできないし、ひとに頼むこともできないでしょう。こんなこと、あの子以外の誰にも頼めないもの。

だけどね、あの匂いを嗅いだときの、うっとりした感じは掴めそうな気がする。

男の人が、私に全力で奉仕してくれるとき、ふとあの感じに近づく瞬間があるのね。

もう少しなの。あなたとならもうちょっとで、あの気分になれそうなの。

だから、私のことを離さないでね。


タクヤさんは、頬のこけた顔で目だけをぎらぎらさせながら、熱っぽく語ってくれた。

本人は惚気《のろけ》ているつもりなのだろう。

私は、蜘蛛が焼けるときには本当にそんな匂いがするものなのか、どうやって調べればいいのか、それだけを考えていた。

咳き込んだ彼女

アツコさんの職場には、リンカさんという後輩がいた。リンカさんは仕事はできるが時間にルーズなところがあり、いつも時間ギリギリの電車に乗り、駅から猛ダッシュして、始業時間の五分ほど前に会社へ着くのが常だった。アツコさんは何度も注意したが、一向に改まることがない。

リンカさんは派手な顔立ちで性格も明るく、アツコさんから見ればやや太めだったが柔らかく丸みを帯びた体格で、いつも身体の線がはっきりと出るような格好をしていた。鈴を転がすような声でよく笑い、愛嬌があって人に好かれるタイプで、とくに男性には非常にモテていたという。プライベートなことは立ち入らないようにしていたが、さぞ男遊びが激しいのだろう、と思っていた。

うちの会社って、若手が掃除をしたりお茶を淹れたりすることはないので、遅刻しなければ別にいいんですけど、リンカちゃんは本当にいつもギリギリで飛び込んでくるんです。転んだりしないか、心配はしていました。

アッコさんはそう言って笑った。

そんなある朝のことである。

アッコさんが出社し、自分のデスクトップでメールチェックをしていると、いつにも増してギリギリの時間に、リンカさんが飛び込んできてタイムカードを押した。

始業時刻の一分前だった。

リンカさんは、タイムカードを戻すと、しばらくそこで膝に手をついて息を切らせていた。毎日のように猛ダッシュで出勤するリンカさんだが、この日は明らかに激しく息が上がっていた。

アッコさんは、リンカさんが心配になって、駆け寄ると「どうしたの？」と声をかけた。

リンカさんは顔を上げて、はあはあと苦しそうな呼吸の中で「すみません、私の中に霊が入ったみたいで」と言った。

きっと、いつもより遅くなって、バツが悪かったので冗談を言ってごまかそうとしたんだろう、と思ったんです。

それで私、「じゃあ除霊しないとね。霊を出さなくちゃ！」なんて言って、リンカちゃんの背中をぱんと叩いたんですよ。

アッコさんが背中を叩くと、リンカさんは途端に激しく咳き込み始めた。あわてて背中をさすってあげるが、リンカさんはやがてその場に膝をつき、口を手でおさえて吐き気をこらえるような仕草をしていた。

アッコさんは心配になったが、「どうしたの、大丈夫？」と声をかけながら、背中をさすり続けることしかできなかったという。

すると、リンカさんが一際激しく咳き込んだかと思うと、彼女の鼻から真っ赤な血が溢《あふ》れて、床に滴《したた》り落ちた。そして、血とともに何かがずるりと出てきて、金属音を立てて床に落ちた。

銀色の、なんの変哲もない地味なネクタイピンが、赤黒い粘液と血にまみれていたのである。

リンカちゃんは急に真顔になって、そのどろどろに汚れたネクタイピンを素手で拾いました。そして鼻血を流したまま立ち上がると、「今日は帰ります」と言ったんです。

明らかに、男の声でした。

私びっくりしちゃって、「うん」としか言えなかったんです。

リンカちゃんは、ハンカチで鼻血を拭いて、そのまま帰っていきました。

えっ、そのまま いなくなったんですか、って？

そんなことないですよ。

次の日に私が出勤すると、リンカちゃんはもう来ていて、仕事を始めていました。あの子が私より先に出勤したことなんか、それまで一度もなかったのに。それから毎日、あの子は私より早く出勤するようになったんですよ。もともと仕事のできる子だし、勤務態度もよくなって、すぐに昇進しました。そのうち私より出世するでしょうね。あのとき、本当に悪い霊が出ていったのかもしれないと思います。

アツコさんはそう言ってまた笑った。

耳の話

キイチさんは、左の耳たぶに絆創膏を貼っていた。その耳どうしたんですか、と私が聞くと、こう語ってくれた。

酒飲みながら、動画サイトで怪談語りを見てたんだけどさあ。そのとき見てたやつがめちゃくちゃつまらなかったんだよね。どっかで聞いたような話で、やたらと勿体ぶった話し方で、そのうえ滑舌も悪くてさあ。しかもね、実話怪談ってのは、体験した人が帰ってきてその話をしなくちゃいけないものじゃない。それなのに、幽霊が現れて、「その後、彼らを見た人はいません」で終わっちゃうんだよ。じゃあその幽霊を見たのは誰なんだって話だよ。

なんだこいつ、ふざけんなと思ってさあ。

低評価のボタンを押して、コメント欄にも悪口をぼろくそに書いてやったんだよ。こんなの見るのは時間の無駄だ、こいつはど素人だ、って。それで一応の気は済んだから、動画を止めて寝たんだよ。

そうしたら、明け方にいきなり気持ちが悪くなって、目が覚めたんだよ。口の中に何かぐにゃぐにゃしたものがあって、吐きそうになってさ。手で口を押さえようとしたんだけど、間に合わなくて、布団の上に吐いちゃったんだよ。なんだろうと思って見たらさ、ちっちゃい肉片なの。恐る恐る触ってみたら、こりこりしててさ。耳なんだよ。耳たぶのかけらが、俺の口ん中に入ってたの。

その瞬間に、左の耳に激痛が走ったんだよ。触ってみたら、耳がちぎれて血が流れててさあ。枕を見たら血まみれなの。それも血が乾いてなくて、たった今流れた感じなんだよ。思わず「ひえっ」って声が出てさあ。

救急車を呼んで病院に行ったんだけど、耳たぶは雑菌の感染がひどくて、くっつけられなかったんだよ。まあ先がちょっと欠けたぐらいだからそんなに気にならないんだけど、とにかくなんで耳がちぎれたのかわかんないんだよな。病院でも聞かれたんだけど、答えられなくてね。玄関には鍵を掛けてたから、誰かが入ってくるはずはないし、自分で自分の耳を噛みちぎることなんて絶対できないじゃない。

とにかく気持ち悪くてねえ。あの動画をもう一度確認しようかと思ったら、もうチャンネルごと削除されてて、語ってたやつの名前もわからなくなっちゃったよ。

いや、その動画で語ってた話は、別に耳がちぎれるような内容じゃなかったと思う。たしか、三人ぐらいで心霊スポットに行ったら、霊感のある人が「すぐここから離れろ」と言うんで、逃げようとしたら髪の長い女が現れて、そのまま三人は行方不明になった、とかそんな話だったよ。

そんなつまんない話をしておいて、文句を言ったらこんな目に遭わせるなんて、そんな自分勝手な話があるかよ。ふざけんじゃねえ、っつう話だよ。あの野郎。

キイチさんは顔を真っ赤にして、本気で怒っていた。

この話を書いて、もしキイチさんに何かあったら、どうやって詫びようかと考えている。

天井裏の秘密

三十年前、トモミさんが友人に語った話である。

トモミさんは、古いアパートの一室で彼氏と同棲していた。ふたりとも若く、貧しくとも幸せな生活だったたという。彼氏の仕事は時間が不規則で、すれ違うことも少なくなかったが、それも気にならなかった。

唯一、トモミさんが気にかけていたのは、彼氏が天井裏に隠していた一本のアダルトビデオだった。まだVHSの時代である。小柄なトモミさんが、そんなところを見るとは思いもしなかったのであろう。主演女優は、トモミさんとはまったくタイプの違う女性で、本当はこういう女が好きなんじゃないか、と思うと心配になり、嫉妬で胸が焼けそうになったという。

彼氏が夜勤に出たある夜のこと。トモミさんがひとりで寝ていると金縛りに遭い、耳元で「出ていけ」という声が聞こえた。男のようにも女のようにも聞こえる、不思議な声だった。トモミさんは怖さとともに、なぜそんなことを言われなければいけないのか、怒りを覚えたそうだ。

次の朝、目を覚ましたトモミさんは、あのビデオが原因だと直感し、椅子を使って天井裏からビデオを取り出すと、テープを引きちぎって燃えるゴミの袋に入れ、ゴミ捨て場に放り投げた。

それから一ヶ月ほどして、トモミさんは再び就寝中に金縛りに遭った。

今度は何も言われないが、首を絞められた。仰向けのトモミさんに、見えない何者かが馬乗りになって、上から両手で首を絞めてくる。トモミさんは気を失い、目が覚めると全身にびっしょり汗をかいていた。

トモミさんは、また天井裏を見てみた。

そこには、ひと月前に見たときにはなかった、おびただしいＶＨＳテープが山のように積み上げられていた。パッケージも何もなく、裸のままのビデオテープが、ほこりだらけになって放置されていた。

トモミさんはすぐに荷物をまとめて、アパートを出ると友人の部屋に転がり込んできた。そのまま彼氏とは再び会うこともなく別れ、友人の紹介で新居と仕事を見つけた。

私にこの話をしてくれたのは、トモミさんの友人である。トモミさんとはその後も親しい友人関係が続いているという。

あれから三十年経っても、なぜあのとき天井裏のＡＶが原因だと思ったのか自分でもわからない、とトモミさんは言っているそうである。

白い生きものたち

筆者の住むマンションは、ただいま大規模リフォーム工事中である。ベランダの外に足場を組み、そこをヘルメットとフルハーネスを身に着けた職人さんたちが忙しく歩き回っている。騒音が気にならないと言えば嘘になるが、仕方ないことだ。

私が、ベランダに面したリビングで原稿を書いていると、職人さんに声を掛けられた。CS放送のパラボラアンテナを、足場の外に移動して再設置するので、受信できているかどうかテレビ画面で確認してほしいというのである。こちらの執筆作業は一旦中断し、テレビをつけた。職人はベテランらしき中年の男性と、若手のふたり組だった。

アンテナの向きを微調整するたびに、画面には受信レベルの数字が出ては上下する。なかなか番組を受信するには至らなかったが、室内にあるチューナーのほうもいろいろいじっているうち、ようやく画面にいつもの番組が映った。

これで一安心である。その角度でアンテナを固定してもらう。作業をしているのはベテランのほうで、若いほうは手持ち無沙汰そうだった。

そこで私はベランダに出ると、以前に参加したアンソロジーの文庫本を見せて、「実は私はこういう本を書いている者です。いろいろな方に取材しているのですが、何かご自分か身近な方の、不思議な体験や怖い話はありませんか」と聞いてみた。職人さんは「マジっスか、すごいっスね」と興味津々の様子で、話してくれた。

こういうマンションの現場だと、よくあるのはエレベーターっスね。誰も乗ってないのに、勝手にどっかの階に止まってたりとか。そういうのはよくあります。自分が体験したのはそのぐらいッスかね。でも、知り合いの話ならもっと面白いのがあります。

俺の知り合いが、子供の頃に山で遊んでたら、道に迷ったんスよ。

そのうち陽が暮れてきて、疲れたし腹も減ったし、その場に座り込んでわんわん泣いてました。

そうしてたら、知らないお姉さんが「どうしたの？」って声をかけてくれたんスね。

道に迷っておうちに帰れない、って言ったら、「じゃあお姉さんと一緒に帰ろう」つって、その人と手をつないで歩き始めました。

自分の家はどこなのかとか教えてもいないのに、そのお姉さんはずんずん歩いていって、その人も怪しく思ったりしないで、なんかすごい安心して、普通についていったんです。

そうやってしばらく歩いて、家が見えるところまで来たら、お姉さんはいきなりふっと消えちゃったそうなんスよ。

その人は急に怖くなって、親が待ってる家に飛び込みました。

そうしたら、家の天井から白いでっかい蛇がぽとっと落ちてきて、しゅるしゅるっと這ってどこかへ行ってしまったそうなんスよ。

自分は霊感とかないんで、こういう話しかできないスけど、霊がバリバリ見える友達もいますよ。その人とドライブしてたりすると、ここはヤバいから早く離れろって言われたりするんスけど。


ゆっくりと思い出しながら、彼はこう話してくれた。

私は、いやいやそういうのがいいんです、むしろ霊感のない人が体験するほうが面白いことが多いんですよ、とてもいいお話でした。と、礼を言った。

彼は、アンテナを固定するボルトを締めているベテランらしき職人のほうにも、「先輩も何か怪談とか不思議な体験とか、ないッスか」と声をかけてくれた。

私も、そちらのほうへ歩み寄って「なんでもいいので、よかったら聞かせてください」と頼んでみる。

そうですね、俺も金縛りぐらいなら経験ありますよ。寝てたら、身体がビーンって突っ張って全然動かなくなって、ここのところ（と言って自分のすぐ横を指差す）には絶対誰かいるんですよ。うわあ怖え、と思って、でも顔も動かないからそっちを見ることもできないし、早くどっか行ってくれえ、早くどっか行ってくれえ、と思ってたら、気がついたらもう朝なんですよ。そういうのはたまにありますけどね。

俺も若い頃は、心霊スポットによく行きましたよ。この辺の、有名なところにはだいたい行きました。でも何も起きなかったですよ。ああいうところって、大体ただ暗いだけなんですよね。仲間たちと、怖い怖いってちょっと騒いで帰ってくるだけでした。霊感とか全然ないし、そんなもんですかね。

あ、一個だけ、思い出したのがあります。

今年の正月の、元日です。一月一日に、俺は実家にいたんですよ。二階の自分の部屋で、こうやって（と言いながら手を口元にやる）タバコに火をつけて、吸いながら窓の外をボーっと眺めてたんです。

そしたら窓の外の、ちょうどここんところに（と言いながら自分の目の前にコップを置くような仕草をする）大きい街灯があるんですけど、そこにバサバサーって白いでっかいフクロウが飛んできて、とまったんですよね。

あんなの見たことないです。そもそもフクロウ自体、うちのあたりで見たことなんかないですよ。今考えれば、写真とか動画とか撮ればよかったんですけど、俺もうウワアーってなっちゃって、なんにもできないでただ見てたんですよ。

そしたら、フクロウが「気をつけろよ」って喋《しゃべ》ったんです。いや、たしかに酒は飲んでましたけど、そんなに酔っ払ってはいなかったですよ。俺もうエエーッてなっちゃって、動けませんでした。フクロウはすぐバサッと飛んでいっちゃったんですけど、そのまま動けないでいたらいきなり唇が熱くなったんですよ。さっき火をつけたばかりのタバコが、全部灰になっていたんです。

喋るフクロウが来たなんて言ったら救急車を呼ばれそうですから、親には「白いフクロウが出た」ってだけ言いました。縁起が良いって言われたんですけど、本当ですかね。

影踏み

コトミさんが、勤めていた会社の同僚に語った話である。

小学校二年生の頃、影踏み遊びが流行《はや》ったんです。でも私、早生まれで身体も小さいし足も遅かったので、すぐ捕まっちゃって。悔しい思いを、いつもしていたんですよね。こんな遊びなんかやりたくないのに、でもやらないと仲間に入れないから、仕方なくいつも鬼ばかりやっていました。

その日も、学校の帰りに公園で影踏みをしていたら、トイレの陰で知らないお姉さんが手招きをしていたんです。

知らない人にはついていっちゃ駄目だよ、と親には言われていたんですけど、なぜかそのときは招かれるままそちらへ行ってしまいました。

すごくきれいな人だったんです。髪が長くて、手足がすらっとしていて、お医者さんか保健室の先生みたいな白衣を着ていたと思います。

トイレの陰で、白衣のお姉さんはペンライトを出すと、私の影を照らしたんです。すると、光の当たったところから影が消えていきました。お姉さんは、そうやって私の影をすっかり消してしまって、「これで影は踏まれないね」って言ったんです。私、すごくうっとりした気分になりました。

私が覚えているのは、そこまでです。

一緒に遊んでいた友達が、私がいなくなったので探していたら、公園の裏の林で倒れていたそうです。私、それから三日三晩も高熱に浮かされていたそうなんですよ。外傷は何もなかったんですけど、意識が戻ったのは四日目のことでした。

一緒に遊んでいた友達に、公園でお姉さんを見た人はいないか聞いてみたんですけど、誰も目撃してはいないそうでした。

私の体験はこれだけなんですけど、次の年に、隣町の公園で、女の子が行方不明になったんです。その子は結局見つかりませんでした。

隣町はもちろん、うちの街も大騒ぎでしたが、私は、ああ、私は選ばれなかったんだな。そう思って、とてもがっかりしたのを覚えています。

その日に、私はまだ小学三年生だったのに、初めての生理になりました。

コトミさんはそれから間もなく、結婚して会社を辞めた。

この話をしてくれた元同僚の方いわく、コトミさんはとても存在感の強い人で、とても影が薄いといったタイプではなかったそうだ。

ホイッスル

体育大の学生であるマキトさんが、久しぶりに実家へ帰省すると、居間にサッカーの審判が使うようなホイッスルが置いてあった。

父も母も、スポーツをやるタイプではない。使い道がわからないので、マキトさんは「何これ、なんでここにあんの」と父に尋ねてみた。


そりゃお前、笛があれば、笛の音が聞こえてもおかしくないだろう。


父はそう答えた。マキトさんは意味がわからなかったが、父が不愉快そうだったので、それ以上深く尋ねるのはやめておいた。

その日は、母の作った鶏の唐揚げと焼きそばをたらふく平らげ、父とビールを酌み交わし、ホイッスルのことも忘れて床についた。

深夜に、居間のほうから幼児の叫び声が聞こえて、目を覚ました。この家には、幼児などいない。

その叫び声が、ホイッスルを鳴らす音にそっくりだと気づいたのは、居間が真っ暗で誰もいないのを確かめてからのことだった。

父も母も、慣れているのか起きてくることはなかった。

後部座席の声

ユウスケさんは、昼間は食品工場で働きながら、夜はデリヘルのドライバーをしている。ダブルワークで身体はキツいが、いい稼ぎになるのでもう二年ほど続けているそうだ。

ユウスケさんの場合は、自分の車で事務所に出勤し、注文が来たらその車で女の子を指定のホテルへお届けする（自宅に呼ぶ客はめったにいないそうだ）。プレイ時間の間は、駐車違反で切符を切られないよう、その辺を適当に流している。約束の時間が来たら、ホテルから出てくる女の子をピックアップして、事務所まで届ける。その繰り返しで、終わったら日払いの給料をもらって帰る。難しい仕事ではないという。

女の子が本番強要されたりとか盗撮されたりとか、トラブルになったときはどうするんですかと聞いてみると、それはドライバーの仕事じゃないんで、と言うだけだった。あまり言いたくない部分なのだろう。

ドライバーと、キャスト（ユウスケさんは女の子たちをこう呼ぶ）との関係はごくあっさりしたもので、行くときに「ヨロシク」、帰るときに「オツカレサマ」ぐらいしか、ユウスケさんは言ったことがないという。その代わり、キャストのほうでは好き勝手なことをしゃべりかけてくるそうだ。

ほとんどは、客の悪口か彼氏の愚痴だという。ユウスケさんは、適当に相づちを打つ程度にしているそうだ。あんなのいちいち相手にしてられないですよ、とユウスケさんは苦々しく言う。

彼がデリヘルの仕事を始めて、半年ほど経ったときのことである。

女の子を降ろして、空車の状態でプレイ時間が終わるまで車を流していると、後部座席から子供の声がした。

はじめは気のせいかと思ったが、やはり聞こえる。かすかな声だった。よく耳を澄ませると、聞き取ることができた。

死にたいよう　死にたいよう

小さな子供の声で、たしかにそう言っていたという。

ユウスケさんは、あわてて車を停め、後部座席を確認したが、やはり誰もいない。

すぐに近くのコンビニに入り、食塩を買って後部座席に撒《ま》いた。

間もなくプレイ時間が終わり、ユウスケさんはキャストを迎えに行ったときには、もう声はしなかった。

しかし、それからもキャストを送って降ろすたびに、子供の声が聞こえるようになった。

死にたいよう　死にたいよう

はじめのうちは怯えていたが、すぐに慣れる。

どうせ俺たちの仕事は、女の子たちが流した血の涙から、上澄みをすくってるようなものですからね。ユウスケさんはそう言う。

声は日を追うごとにはっきりと聞こえるようになった。しかしユウスケさんは無視し続けていたそうだ。知らぬ顔の半兵衛を決め込んでいたんですよ、となんとも古臭い慣用句で表現してくれた。

車を流している間、ユウスケさんはラジオを聞いていた。毎日何時間も走らせていると、次第に車内でかける音楽にも飽きてくるものである。

その夜は、ユウスケさんがとくに好きなお笑いコンビがパーソナリティをつとめる、トーク番組をやっていた。ふたりの巧みな掛け合いに、眠気も忘れて大笑いする。

話がいよいよ盛り上がってきたところで、また後部座席から子供の声がした。

死にたいよう　死にたいよう

もはやかすかな声というレベルではなく、ラジオの話が聞き取れなくなるような声だったのである。

ユウスケさんは思わず、ハンドルを握って前を向いたまま、大きな声で返事をした。

うるせえな　だったら死ね

そう言うと、声は聞こえなくなった。間もなくプレイ終了時間になったので、ホテルへキャストを迎えにいった。

その日も何事もなく勤務終了したという。

次の日、ユウスケさんがデリヘルの事務所に出勤すると、店は大騒ぎだった。

ナンバーワンのキャストが、手首を切って自殺したのだった。店のムードメーカーでもある、たいへん明るい子で、ユウスケさんも何度も送迎したことがあった。

あのとき乗せてたのは、別のキャストだったんですけどね。もし乗せたのがあの子だったら、もっと気持ち悪かっただろうし、仕事を続ける気がしなくなっていたかもしれないですね。

あれ以来、あの声が聞こえたことは一度もありません。

まあ、世の中には不思議なこともあるもんだ、っていう程度に受け取ることにしましたよ。そうでないとこの業界、やってられないんですよ。

ユウスケさんは、何か深い諦めでもたたえているような目で、そう言った。

私にも、だいたいの想像はついた。

扉が開いた日

ミキオさんが、お付き合いしている女性とデートをしたときのことである。

その日もいつものように食事をして、お酒も飲んでいいムードになり、繁華街の大きなラブホテルに入った。もう何度も繰り返した、ごく自然な流れだったという。彼女はいつもおとなしく、淡白なほうだったが、現実はＡＶや漫画と違ってこういうものだろう、と思っていたそうだ。

フロントで鍵を受け取り、エレベーターで部屋のある階へ向かう。胸が高鳴るうれしさと、ちょっぴりの気恥ずかしさが混じり合った、なんともいえない気分を味わっていた。

目的の階に到着し、エレベーターの扉が開くと、目の前には茶色いうさぎが一羽いた。

ミキオさんが驚いて声をあげる暇もなく、うさぎは彼女に飛びつくと、身体に溶け込むように消えた。でも彼女はまったく気づく様子がなく、うさぎが見えてすらいないふうだったが、そのとき、舌をぺろりと出して唇をひと舐めしたように見えたそうだ。

それで、どうなったんですか。

私が問うと、ミキオさんは肩をすくめて苦笑いを浮かべ、「あれから、人が変わったようになりましたよ」とだけ言った。

盗撮禁止条例

マキコさんが、先輩が運転する社用車に同乗して営業先を回っていたとき、ふと先輩の顔を見ると、顔色が真緑になっていた。

スマホを出して写真を撮ろうとしたら、画面に貼られている保護ガラスが、手羽先の関節をむしるようなめちめちという音を立てて粉々に割れ、破片がマキコさんの指に突き刺さった。

指を押さえながら先輩の顔を見ると、元の顔色に戻っていた。深く刺さった細かいガラスの破片は、今もマキコさんの指に埋まったままである。

大阪のおばちゃん

ハルオさんは、高速道路で車を走らせていた。母が危篤だという知らせを姉から受けて、ひとり実家近くの病院へ急いでいたのである。

前を走っているトラックを追い越そうと、車線変更のためバックミラーに目をやり、後続車両が来ていないか確認しようとした――。

後部座席に、知らない老婆が座っていた。

驚いたハルオさんは、思わず振り向く。車内にいた老婆は着物姿で、白髪を結い上げており、かなり高齢のようだ。

ハルオさんが「誰だ！」と言うより早く、老婆が怒鳴った。

「前見てなはれ！　死んでまうがな！」

塩辛声の関西弁だった。

ハルオさんは思わず「はいっ！」と言って、前を向いてしまった。

もう一度バックミラーを覗くと、後部座席には誰もいなかった。

そのとき携帯電話が鳴った。姉からだった。

恐る恐る出ると、母の容態は峠を越えたという知らせだったそうだ。

先祖が守護霊になるっつう話は、漫画とかで読んだことあります。でもうちは先祖代々関東の出なんで、関西弁のばあさんなんて親戚の誰にもいねえんですけどね。

そういうハルオさんの話す言葉は、たしかに北関東のなまりが色濃かった。

家族の肖像

シュウジさんの家は古民家で、先祖の遺影が飾られていた。

和服で正装した、白黒のお祖父ちゃんとお祖母ちゃん。

洋服姿でカラーの、お父さんとお母さん。

お父さんは、お祖父ちゃんによく似ている。ふたりとも四角い顔で、離れ気味の目に丸っこい鼻、厚めの唇である。不思議なことに、お母さんとお祖母ちゃんには血の繋がりはないはずなのに、このふたりもよく似ていた。どちらも細面で、目も鼻もどのパーツも細い。

どうだい似てるだろう、とシュウジさんは言いながら、古いアルバムを開いてくれた。

そこには、お父さんやお母さんの写真がたくさんある。

どれを見ても、遺影とはまるで印象が違っていた。

たしかに遺影と同じ人だということはわかる。でも、遺影から感じるおとなしく柔和なイメージとは違い、活発で明るい。お父さんも、目の離れ具合がずいぶん弱まって見えるし、お母さんに至っては、目や鼻の形がそもそも違って見えるほどだ。

遺影ってのはそういうものかもしれないんだけど、なんつうのかね、このイエにみんな取り込まれていくようで、いい気がしないんだよね。

俺もさ、そんなに親父に似てないと思うんだけど、死んだらこうなるのかな。嫁も、おふくろには全然似てないんだけど、なんだか怖くてね。


私は、なったらなったでいいんじゃないか、と思いながらも、それをおくびにも出さず「それは怖いですねえ」と相づちを打った。

死んだ後のことが心配になるのは、きっと生きているうちの心配が少ない人なのだろう。そう思った。

はじめてのともだち

ナオコさんが父親の遺品を整理していると、なぜか冷蔵庫の奥から、三十年ほど前の使い捨てカメラが出てきた。見ると、一枚しか撮影されていない。現像もされずそのまま残されていたようだ。

フィルムの劣化で画像はわからないかもしれないが、ダメ元で現像に出してみた。

色があせ、ほとんど白黒になってはいたが、写っているものの形ぐらいはなんとか判別できる写真が現像されてきた。

「生まれたばかりの私と、なんだかよくわからない人形みたいなものが、ベビーベッドに並べられていたんです。これ、いったいなんなんでしょうか」

そう言ってナオコさんは写真を見せてくれた。

おくるみを着せられた新生児と、同じぐらいの大きさの、何やら気味の悪いものが写っている。私は目を凝らして、何が写っているのか判別を試みた。

たしかに人形っぽい形をしているが、叫ぶように大きく開かれた口には牙らしきものが生えており、下半身は脚がなく、しゅっとまとまって一本になっている。なんとも気味が悪いが、どこかで見たことがあるような気がする。

「わかりました。ナオコさん、これは人魚のミイラといわれるものです」

私は言った。ナオコさんは、耳慣れない言葉に怪訝《けげん》な顔をしていた。

人魚のミイラとは、子猿の上半身と鮭の下半身を縫い合わせた、江戸時代から明治にかけて作られた剥製である。江戸時代の日本では人間のミイラが妙薬として珍重されており、また人魚の肉を食べた者は不老不死になるという八百比丘尼《やおびくに》の伝説もある。そうした風潮から生まれた品物で、見た者に長寿をもたらすなどとして見世物興行に使われたという。一部はオランダなど海外に輸出されたが、現代では国内に現存するほとんどのものが寺社に奉納されており、個人が所有しているものは見たことがない。まして、このように記念写真に使われるというのはまずありえないことだ。

そんな気持ち悪いものを、父はどうして私と一緒に撮影したんでしょうか。

ナオコさんの疑問はもっともだが、私もはっきりした答えを出すことはできなかった。

長寿を願って。

魔除けのため。

独特の信仰のため。

ありそうなものをいくつ考えても、どれも決め手に欠ける気がする。このような風習をご存知の方がおられたら、竹書房怪談文庫編集部気付　鷲羽大介まで連絡されたい。

我が息子の記録

ナオコさんの話に関連して、奇しくも父親の遺品から怪しげな撮影物が出てきたという話をもうひとつ。

昨年ヒロトさんのお父さんが、釣りをしていたときに高波にさらわれて亡くなり、遺品を整理していたら「息子の記録」と手書きのシールが貼られたビデオテープが出てきたのだという。

ヒロトさんの家には、ビデオテープを再生できる機器がもうない。業者に頼んでDVDに焼き直してもらい、お母さんとやっと見ることができた。

そのビデオは、コンピューターで作られたらしきテロップで「息子の記録」と出て始まり、お父さんの声でナレーションが吹き込まれているという、素人としてはかなり手が込んだものだった。

それじゃあ、ご覧になったらさぞ嬉しかったでしょう。お父さんの声も聞けて、よかったですね。

私が言うと、ヒロトさんは渋い顔をして「だったらよかったんですけどね」と苦々しく言った。

ヒロトさんは中部地方で生まれ育った。しかし、そのビデオはまず「我が息子は北海道で生まれた」というナレーションから始まったのである。

映っている景色は見覚えがある近所のものだし、映っている母子も、たしかにアルバムの写真で見たことのある若い頃のお母さんと、生まれたばかりのヒロトさんだった。それなのに、お父さんの声で「我が息子には、純粋な人間に育ってほしいという願いを込め、ジュンジと名付けた」というナレーションが入っているのである。

ヒロトさんは混乱した。

そこから、ヒロトさんが成長していく様子が、可愛い幼児の動画と、お父さんの朴訥《ぼくとつ》としたナレーションで語られていくのだが、どれもデタラメだった。旅行に行った場所も、幼稚園の名前も、いっしょに遊んでいた友達の名前も、何もかも現実のヒロトさんとは違っていた。

そして、三十分に及んだビデオの最後には、小学校に入ったばかりの頃、ジュンジくんは家族で遊びに行った海で波にさらわれ、亡くなってしまうのである。

お父さんの聞き慣れた声が、愛する息子を亡くした悲しみにまみれ、「海へなど連れていかなければよかった、父親の私がついていていながら、こんなことになってしまうなんて」

と悔恨《かいこん》に嗚咽《おえつ》しながら語るのである。

親父はいったいなんのつもりであんなビデオを作ったんでしょうか。それにもうひとつわからないのは、ジュンジという子供が死んだと話している場面では、新聞記事の静止画像を映しているんですけど、どう見ても幼い僕の写真が使われているんですよ。いくらなんでも偽の新聞記事まで作れるとは思えないんですが、もしかするとジュンジというもうひとりの僕みたいな存在がいるんですかね。そんなはずないんですけど、あのビデオを見たらなんだかそんな気がしてきたんですよ。

私にもその動画を見せてほしいと頼んだのだが、ヒロトさんは気持ち悪くなってＤＶＤを捨ててしまった。

真夜中の四股

その店は、本職の力士あがりの主人が腕をふるう、相撲部屋《すもう》仕込みの本格ちゃんこ鍋が味わえると評判だった。私たちが注文した塩ちゃんこは、鶏肉とつみれがどっさり入り、それに各種の野菜がたっぷり、こくのある白濁した鶏ガラスープで煮込まれている。仕上げにふりかけるごま油の香りも食欲をそそる。これを各自の器に取り分け、薬味のゆず胡椒で味をぴりっと引き締めて食べるのだ。友人たちは酒が大いに進んでいる。私は酒をあまり飲まないので、時おり冷たい緑茶で口を冷やしながら、締めの細ちぢれラーメンに至るまで、大いに舌鼓を打たせてもらった。

その主人から聞いた話である。彼は五十歳ぐらいで、もと力士とは思えないほどほっそりした人だが、現役時代の最盛期には百二十キロあったそうだ。

俺がまだ初土俵を踏んで間もない頃です。ウチは小さな部屋で、そのとき兄弟子は幕下の先輩がひとりだけで、あとはぐっと離れて、まだ髷《まげ》も結えないような俺たち序ノ口が三人しかいませんでした。しばらくするとまた後から新弟子が入門してきて、もっと増えたんですけどね。一番少なかった時期のことです。

俺たちもまだ十六歳ぐらいの子供だったんで、遊びたい盛りですよね。稽古は厳しかったけど、夜になるとゲームやったり、こっそりジャージのままコンビニに行ったりしてましたよ。見つかったら殴られましたけどね。

それでね、巡業があったんで、俺たちも連れてってもらったんですよ。やっぱり楽しかったですね。遊びに行くわけじゃないんですけど、宿舎にみんなで泊まると、いつもの部屋とは違う気分になるじゃないですか。

どこだったかな。場所は忘れちゃったけど、宿舎の旅館の近くに公園があって、そこが有名な心霊スポットだって噂を聞いたんですよ。

なんでも、昔そこで女の人が変質者に襲われて、電話ボックスに逃げ込んで一一〇番しようとしたところを刺殺されたというんです。で、夜になると髪の長い女が現れて、「かからない、かからない」って言うそうなんですよ。

そんなの聞いちゃったら、やっぱり気になるじゃないですか。それで、夜に親方と兄弟子がタニマチさんと飲みに行ったんで、そのすきに肝試しをしに行ったんですね。

旅館の人に懐中電灯を借りて、三人で行ってみたんですけど、不気味なところでしたね。電話ボックスの光もなんだかぼんやりしてて、ガラスもすごく汚れててね。公園自体もなんだか陰気で、こりゃやべえところに来たなと思ったんだけど、怖いなんて言ったら恥ずかしいから、わざとゲラゲラ笑ってね。なんだよ噂ほどじゃねえな、とか口々に言い合ってたんですよ。

で、ひとりずつ十円玉を持って、電話ボックスから一一七に電話して、三分間時報を聞いてくることにしたんです。

そりゃ怖かったですよ。不気味な夜の公園で、いわくつきの電話ボックスにひとりで入るんですからね。ぴっ、ぴっ、ぴっ、ぽーん、何時何分をお知らせします、ていう時報の声も、なんだか闇の底から響いてくるみたいに感じられてねえ。

俺がひとり目で、次のやつも三分間なんとか我慢して、三人目のやつが入ろうとしたときです。

いきなり怒鳴られたんですよ。お前ら何やってんだ、って。

旅館の人が、俺たちがいなくなったって親方に連絡したんで、兄弟子が飛んで帰って、探しにきたんです。そりゃもう魂消《たまげ》ましたよ。気絶するかと思いましたね。

それでね、一発ずつ頭にゲンコツくらって、罰として三人ともその場で四股《しこ》踏み三百回ですよ。あれはキツかったですね。不気味な電話ボックスを囲んで、兄弟子が持った懐中電灯で照らされながら、ひとり十回交代で声出して数えて、三百回までやるんですよ。

怖いやら疲れるやら情けないやらで、涙が出ましたね。

でもね、三百回終わったときに、電話ボックスがいきなりジリリリーンって鳴ったんですよ。あれはね、兄弟子に怒鳴られたときの十倍は魂消ましたよ。兄弟子まで「ぎゃあーっ」と悲鳴を挙げて、四人で宿舎まで走って帰って、四人とも布団を被って朝までガタガタ震えてました。

そのときはそれで終わりなんですけど、次の年にまたそこへ巡業に行ったら、もうあそこに霊は出なくなったって言われたんですよ。なんかテレビの撮影があって、有名な霊能者も来てその旅館に泊まったんだけど、ロケでその霊能者が「ここからは霊の波動がまったく感じられません、清浄な空間です」なんて言ったもんで、撮影が中止になったっていうんです。

ほら、相撲って神事じゃないですか。四股を踏むのは、邪悪なものを鎮《しず》めるって意味もあるんですよ。相撲教習所で習いませんでした？　あ、鷲羽さんは相撲経験ないんですか。失礼しました。

要するに、俺たちがあそこで四股を踏んだせいで、心霊スポットをひとつぶっ潰しちゃったんですよね。まあ、霊の人が成仏したんだったら、いいことしたのかな。もしあの電話に出ていたら、「ありがとう」なんて言われてたのかもしれないですね。

そうそう、俺たちに四股を踏ませた兄弟子なんですけど、その次の場所で、立ち会いの瞬間に相手の足の骨が折れて、何もしないで一勝を挙げたんですよ。だから、やっぱりあれはいいことだったんでしょうね。お礼をしてくれたんだと思います。

え？　理屈おかしいですか？　いいじゃないですか。どんなに理屈がおかしくたって、勝ちは勝ちです。いつだって、土俵ってのはそういうところなんですよ。

主人はそう言って胸を張った。

独身貴族の週末

ユウジさんは、ベビーチーズを肴《さかな》にウイスキーのお湯割りをちびちび飲みながら、サブスク契約している動画サイトで古いコメディ映画を流し、土曜の夜をゆっくりと楽しんでいた。

飲み終えたグラスをテーブルに置き、大きなソファにもたれかかる。いい気分でぼんやりと、絶妙にゆるいギャグが展開される画面を眺める。このまま眠るのが最高の贅沢であり、独身貴族の特権なのだ、などとひとりごちつつ眠りに落ちかけた。

突然、耳を突き刺すような銃声がした、と思った。

飛び起きて画面を見ると、映画は相変わらず、ボンクラの主人公がビキニの女性をだらしない顔で見つめる、どうでもいいような場面だった。

狼狽《ろうばい》しながらテーブルを見る。置いてあったウイスキーグラスが、その場から動かないまま粉々に砕けていた。もちろん周囲には誰もいない。

ユウジさんは、動揺を鎮めようとスマホで写真を撮り、「こんなことってある?」という一文を添えてSNSに投稿した。

酔っていて危ないので、グラスの破片を片付けるのは明日の朝にしようと思い、とりあえず今夜はそのまま寝てしまった。

朝になり、目が覚めると、グラスは割れてなどおらず、そのままの形で残っていた。

昨夜投稿したはずのＳＮＳも更新されておらず、撮影したはずの画像は一秒未満の真っ暗な動画になっていた。

再生してみると、かすかに犬のうなり声が聞こえるような気がしたが、誰に聞かせても、そんなの聞こえないと言われるばかりだったそうだ。

ユウジさんは、犬を飼ったことは一度もない。

定番

筆者が腰痛で入院したときの話である。

ナースに身分を明かして、何か怖い話や不思議な体験はありませんかと聞いてみた。

「そうですね、ここの病院にはないんですけど、前に勤めていた病院の入院病棟で、誰もいないはずの病室からナースコールが鳴って、行ってみたらやっぱり誰もいなかったということはありましたね」

よく聞く話ではあった。

しかし、十人はいたナースの全員が、まったく同じ話をしたのである。

退院前日の夜、眠れずにいるとどこかの部屋からナースコールが鳴った。ステーションから歩いていく足音がして、すぐに戻っていった。

どの部屋へ行ってきたのか確かめようかと思ったが、どうせ本当のことは教えてもらえないだろうと思い、やめておいた。

きっかけ

単身赴任の夫が暮らしているアパートへ、飛行機に乗って会いにいった。外はすっかり日が暮れている。部屋は古く、ものが少なく、寒い。石油ストーブに火を入れ、温まるのを待つ。窓は今どき珍しく、木枠に飾り模様つきの擦りガラスが入っていた。子供の頃、お祖母ちゃんの家で見たのを思い出し、指先で触ってみる。擦りガラスの真ん中に人差し指がするっと飲み込まれ、生ぬるくぬめぬめした感触にとらわれた。

引き抜いてみると、ガラスに穴は空いていなかった。

じっとりと湿った指を、黙って夫の眼の前へ持っていってみる。

夫は指を口に含むと、生あたたかい舌をからめて、恍惚《こうこつ》とした表情で戯《たわむ》れていた。

その日、離婚しようと決めた。

心からの謝罪

ソウイチさんの趣味は、旅先で古本屋をのぞくことだった。掘り出し物が見つかることはまずないそうだが、陳列のやり方や並んでいる本にも地域性があり、それぞれ味わいを感じるものだという。

あるとき、北海道の初めて訪れた街で、同じように古本屋に入り、昭和三十年代に出た、推理小説の一冊を買った。古書として高い価値があるようなものではないが、好きな作家の本はつい買ってしまう。

帰宅して荷ほどきをし、戦利品の本をめくってみると、買ったときには気づかなかったが、古い封筒が挟まっていた。筆文字で「詫び状」と書いてあったが、中身は空っぽだったという。

ソウイチさんは、気味が悪いのでその封筒を庭で他のごみと共に燃やした。

その夜、戸締まりを確認しようとしたソウイチさんが玄関に行くと、そこで背広姿の知らない男が土下座をしていた。

誰だ、と声をかけるとすぐ消えた。

男の顔は見えなかったし、その後も二度と現れることはなかった。

ただね、あのとき買った本なんですけど、半分くらい読んだところで、これ高校生のときに文庫で買って読んだことあったなって気づいたんですよ。関係ないかもしれませんけどね。

ソウイチさんはそう言って、いかにも悔しそうな顔をした。

大漁祈願

ミツルさんが、早朝の砂浜で趣味の釣りをしていたときのことである。

彼が好むのは投げ釣りで、仕掛けのついた糸を一〇〇メートル以上飛ばすというやり方だ。投げ釣りにはちょい投げと遠投《えんとう》があり、それぞれ使う道糸は二号だとか三号だとか説明してくれたが、釣りをまったくやらない私には、二号と三号のどっちが太い糸なのかもわからなかった。

その朝も、ミツルさんは針にエサをつけ、周囲に人がいないことを確かめて釣り竿を振りかぶり、オーバースローで思い切り振り下ろし、指で押さえていた糸を放した。そのまま仕掛けが勢いよく飛んでいく。そのはずだった。

ミツルさんの後ろでかすかに、仕掛けが何かに引っかかったような手応えがした。そしてミツルさんの頭上を越えて、立派な袈裟《けさ》を着た、いかにも徳の高そうな老僧が、座禅を組んだまま飛んでいくのが見えた。

お坊さんを引っ掛けたまま、仕掛けは一〇〇メートル以上も飛んでいき、海に落ちた。人が落ちるような水しぶきは上がらなかったという。

何かの見間違いだろうと思って、気にしないことにしました。だいたい、釣りに坊主なんて縁起が悪いじゃないですか。

ただ、キツネにつままれたような気持ちでリールを回していくと、ものすごいアタリがあったんですよ。ずいぶん長いことファイトして、やっと釣り上げてみると、八十センチもあるでっかいマコガレイだったんです。投げ釣りではよくカレイが釣れるものですが、あんなでっかいカレイは初めて見ましたよ。ほら、これですこれ。

ミツルさんはそう言って、平べったい魚を堤防らしきコンクリートの上に広げた写真を見せてくれた。タバコの箱と並べられており、たしかに並外れて大きいことがわかる。少なくともスーパーや魚屋では見たことがないレベルの大きさだった。

その日の釣果《ちょうか》はどうでしたか、と水を向けると、ミツルさんはそれから延々と、釣れた魚や逃げられた魚の大きさを語り続けたのである。

タロウちゃん

ヒサシさんが小学生の頃である。

同じクラスのジロウくんと仲良くなり、彼の家へ遊びにいった。ジロウくんの家は広い平屋の和風建築で、ふすまで仕切られたたくさんの部屋があり、おもちゃや漫画も豊富で、とても楽しかったそうだ。

ただ、床の間に飾られている大きな五月人形は、どう見ても歯が生えた赤ちゃんのミイラに鎧《よろい》兜《かぶと》を着けたものだった。

ヒサシさんはそれがとても怖かったが、ジロウくんはまったく気にしていなかったので、「あれ何？」と聞くのもためらわれ、無視することにした。

帰り際に、ヒサシさんはジロウくんのママに挨拶した。女優さんみたいな美人だったという。

今日はうちのジロウちゃんと遊んでくれて、ありがとうね。今度はタロウちゃんとも遊んであげてね。ちょっとだけかじるかもしれないけど、怪我は絶対させないから。

ジロウくんのママにそう言われて、ヒサシさんは自分の家へ全力で走って帰った。お母さんには、友達の家で遊んできたとだけ言って、ミイラ人形のことも、ママの不気味な発言のことも、いっさい言わなかったそうだ。

それから間もなく、ジロウくんは学校へ来なくなり、しばらくすると先生から「ジロウくんは家庭の都合で転校しました」と聞かされた。

ただ、ジロウくんが学校へ来なくなる少し前に、同じクラスの男の子が、指を切断する大怪我をしたことがあった気がする、とヒサシさんは言う。怪我をした児童の名前など、くわしいことはまったく記憶に残っていないそうだ。

独りの楽しみ

ひとり暮らしをしているマサヤさんがお風呂から上がると、フローリングの床で、実家にあるはずの投げ独楽《こま》が勢いよく回っていた。

木製の、直径十センチほどあるごついやつだ。

マサヤさんの目の前で、二十秒ほど回ってからごとりと音を立てて床に倒れた。

その日はマサヤさんが生まれる前に亡くなった叔父さんの命日だ、と後で聞かされた。

独楽を持って実家に帰ると、厳格な父が声を上げて泣いた。

郷に入りては

ミドリさんが眠っていると金縛りに遭い、見えない誰かに首を絞められた。必死に心の中で「南無阿弥陀仏、南無阿弥陀仏」と念仏を唱える。しかし首を絞める力はますます強くなるばかりだった。

ミドリさんは、ならばと般若心経を唱えようとしたが、摩訶般若波羅蜜多しか覚えていなかった。そこで今度は「南無妙法蓮華経、南無妙法蓮華経」と心の中でお題目を唱えた。すると、首を絞める力はふっと弱まって消え去り、金縛りも治ったという。

霊の世界にも、流派みたいなのがあるんでしょうね。

私、来月からしばらくトルコに赴任するんです。向こうのことはよくわからないですけど、やっぱりコーランとか暗唱できないとやばいですかね。

ミドリさんは屈託なくそう話している。

指弾の男

チエさんが、夜中に熱を出した三歳の長男を連れて、救急センターへ車を走らせていたときのことである。夫は酒を飲んでいたので運転できず、置いてきたそうだ。

チエさんの自宅は田んぼに囲まれた農村地帯で、街灯も少ない。

大きな道路に出るまでは、真っ暗な農道をヘッドライトの明かりだけで進まなければならないので、慎重に車を進めていた。

ふいに、坊主頭で筋骨隆々の、上半身裸の男が目の前に現れ、こちらを指さして立ちふさがった。ひっ、と思わず声を出しながらブレーキを踏む。後部座席のチャイルドシートに乗せた長男が気になり、振り向いて確かめた。前を向くと、もう坊主頭の男はいない。

この辺に、そんな人は住んでいないはずだ。訝しく思いながら、とにかく車を再発進させる。

救急センターまでは三十分ほどかかった。車を止めて降り、長男を降ろすため後部座席のドアを開けようとした。

ドアの真ん中に、一枚の十円玉が、半分ぐらい埋まるほど深く突き刺さっていた。

生き仏の家

ゲンタロウさんが幼い頃、実家の近くには「生き仏」と言われる人がいたそうだ。もとは資産家だったのだが、息子が独立し、妻が亡くなったのを機に資産のほとんどを処分して寄付にあて、小さなあばら家に住み、わずかな野菜と米だけの食生活を送っているのだという。

いささか奇矯な人物像であり、「生き仏」と呼ぶのも若干、揶揄するニュアンスが混じっているのであろう。大人になったいまはゲンタロウさんもそう思うのだが、幼い頃はそれがわからず、とても偉い人なのだと素直に尊敬していた。

ゲンタロウさんが、友達のキチゾウくんと一緒にそのあばら家の前を通るとき、ここはいきぼとけさまのいえなんだよ、と自慢するように教えてやった。すると、キチゾウくんはこんなことを言い出したのである。

おれしってるよ、ほとけさまがあるいてきて、このいえにはいるのをみたことあるもん。

生き仏って、そういう意味じゃないだろと、キチゾウが知ったかぶりのデタラメを言っただけかと思ったんだけどね、そうしたらその家から、大人と同じぐらいの背丈の、ざっくり粗く彫られた木彫りの仏像がね、足もないのに身体を傾けながらごっとんごっとん歩いて出てきて、俺たちの頭をぽんと叩いてから半透明になって、そのままふわっと消えたんだよ。ああ、ここは本当に生き仏様の家だったんだな、と子供心に思ったもんだよ。

生き仏様の家は、それから五年ほど後に原因不明の火事で全焼した。焼け跡から遺体は見つからず、そのまま行方不明になったという。昭和前期の話である。

猫の役目

トシアキさんが居酒屋で飲んでいると、中学時代の同級生だったヒデユキさんと、偶然会った。十年ぶりだが、お互いあまり変わっておらず、すぐにわかったという。

ヒデユキさんは、この近くに住んでいるので自分の家で飲み直そう、と誘ってきた。途中のコンビニで酒とつまみを買い、歩いて十五分ほどのアパートへついていった。

アパートのドアを開けると、にゃあという声が聞こえた。玄関に黒猫が一匹たたずんでいる。トシアキさんは驚いた。中学時代のヒデユキさんは大の生き物嫌いで、帰り道に野良猫がいただけで悲鳴を上げていたほどなのだ。

どういう心境の変化があったのか聞いてみたが、ヒデユキさんは「まあいいじゃないか」としか言わなかった。よく見ると黒猫の毛並みは荒れており、あまり手入れはされていない様子だった。猫は飼い主のこともトシアキさんのことも無視して、部屋の片隅へ歩いていくと、そこで丸くなって眠りはじめた。

何か事情があって飼うようになったのかもしれないが、苦手が克服できたのであればいいことだ。そのまま思い出話に花を咲かせ、ヒデユキさんの両親が高校時代に交通事故で亡くなったこと、その後は伯父さんの支援で大学を卒業したことなどを話してくれた。トシアキさんも近況をいろいろ報告し、買ってきた酒をふたりで痛飲する。

　そのうちトシアキさんは尿意を催し、トイレに行くためリビングを出ようとした。すると、後ろで何かがごとごとんと落ちる音がした。振り向くと、スチールラックの前に位牌がふたつ落ちている。ご両親のものだろう。

　ヒデユキさんは、位牌をスチールラックの上に置くと、「いくら置き直してもいつの間にか落ちてるんだよ。気持ち悪くてさあ。だから猫を飼って、落ちてたらこいつのせいにすりゃいい、って思ったんだ。それなら怖くないからな」

　黒猫は部屋の隅で、毛を逆立たせて威嚇《いかく》の姿勢を見せていた。先ほど寝ていた位置からは動いておらず、トシアキさんには、猫が落としたとはとても思えなかった。

そっちかよ

出張に行ったシンタロウさんが、ビジネスホテルの部屋で寝ようとしたら、壁をすり抜けて全裸のでっぷり太った中年男が入ってきた。

男はそのまま部屋を横切り、反対側の壁をすり抜け、消えていった。

翌朝、朝食バイキングの会場でご飯を食べていると、隣のテーブルについた作業服の四人組が、部屋に幽霊が出たと騒いでいる。耳を澄ませてみると、壁をすり抜けて絶世の美女が全裸で入ってきて、反対側の壁に吸い込まれて消えた、という話をしていた。

俺んところにもそっちが来てくれよ、と思いましたよ。こんな不公平な話がありますか。

シンタロウさんは、本気で憤慨している様子でこう話したのである。

すぐに湧く

セイジさんが出張でビジネスホテルに泊まったとき、部屋のドアを開けると背広姿の男がいた。驚いて動けずにいると、部屋に備え付けのケトルに吸い込まれていなくなった。ケトルを開けると何も入っていなかった。

次の日は別の街に移動して、同じチェーンのホテルに泊まった。夜中にベッドで寝ていると、ケトルの中から背広姿の男が出てきて、閉まっている窓をすり抜けて消えていった。

セイジさんは出張から帰宅すると、まず自宅の電気ポットを粗大ごみに捨てた。

ここではないどこかへ

　サトミさんが住んでいるマンションには、入居してすぐの頃から知らない幼児の姿が現れるという。夜遅くに帰宅すると、リビングに髪の長い三歳ぐらいの女の子がぼんやりと佇んでいて、電気をつけると消えていなくなる。夜中にふと目が覚めると、天井に張り付いてこちらを笑顔で見ている。

　そんなことが時々あって、サトミさんは部屋に盛り塩をしたり、神社でお祓いをうけたりしたが、一向におさまることはなかった。霊感の強い友人を家に招いたこともあるが、「この部屋からは何の気配も感じないけど」そう言われたという。

　ある時サトミさんは、好きなミュージシャンのライブを見るため遠くの街へ出向き、有名な全国チェーンのビジネスホテルに宿泊した。ライブも楽しかったし、あの子がいない部屋で眠れるというのも嬉しかったそうだ。

　サトミさんがベッドに入ってまもなく、部屋の天井に髪の長い三歳ぐらいの女の子が張り付いているのが見えた。いつにも増してほがらかな笑顔だった。私はこいつから逃れられない運命なんだろうかと絶望しながら、サトミさんは眠りに引き込まれた。

サトミさんが家に帰ると、何か空気が軽くなったような気がした。そして、それ以来サトミさんのマンションに、あの子の姿が現れることはなかった。

あのホテルの部屋が、よっぽど気に入ったんでしょうね。本当によかった。

そう話すサトミさんは、自宅に誰かを招く際、あの子を連れ戻すことがないよう、あのチェーンのホテルに泊まったことがあるかどうか、必ず確認することにしているそうだ。

そのチェーンには私も何度か泊まったことがあるので、サトミさんの自宅を取材することは許可してもらえなかった。

息子の口から

マリカさんは、四歳の長男をお風呂に入れていた。息子はいつものようにアヒルのおもちゃで遊んだり、パパから教わったマジンガーZのうたを歌ったりしている。落ち着きのない幼児をなんとか座らせて、シャンプーハットをかぶらせて髪を洗っていると、急に聞いたこともないほど低い声で、聞き取れない呪文のようなことを言い始めた。何を言っているのかひとことも理解できなかったが、ドイツ語だということだけはなぜかわかった。

幼児の異変におろおろしていると、咳き込んだ息子の口から赤黒くどろどろした、血のかたまりのようなものが吐き出された。大人の親指ぐらいの大きさだったという。

赤黒いものは、釣り上げられた魚のようにぴちぴちと跳ねながら、洗い場の排水溝に吸い込まれ、流れていってしまった。息子はけろりとした顔で、すっきりしたねえママ、と言った。

次の日、マリカさんは突然腹痛に襲われ、トイレで大量の出血をした。妊娠したことに気づかないまま流産していたそうだ。

ダンサーズ・イン・ザ・ダーク

マンションの一階でエレベーターが降りてくるのを待っていた。

ふと中で何かが動く気配がしたので、下のほうを小窓から覗いてみると、暗い穴の底で、身長十センチぐらいの子供たちが、大きなバネをぐるりと囲んでフォークダンスを踊っていた。

すぐに上階からエレベーターが降りてきて、子供たちは蜘蛛の子を散らすようにどこかへ消えてしまった。

なぜか、あの子たちのいるこのマンションに、ずっと住み続けたいと思ったそうである。

残像

ミキコさんは、休暇を取って韓国へ行き、美容整形の手術を受けてきた。奥二重だったまぶたをぱっちりとさせ、鼻を高くし、やや突き出ていたあごを引っ込めるという、骨格をいじる比較的大きな手術である。

手術後の痛みや発熱、腫れ、そして安くない出費に耐えて、ミキコさんは理想の顔を手に入れた。晴れ晴れとした気持ちだった。別に婚活のためだとか、男性にモテたいという気持ちがあるわけではなく、自分が明るく生活するためのものだという。

友人や職場の同僚からも「いいじゃない」「明るくなったね」と好評だったし、大成功と言っていいと思います、とミキコさんは言う。

ただし、写真を撮ると、十枚に一枚ぐらいの割合で、どう見ても整形前としか思えない顔で写っていることがあるそうだ。

なんて言えばいいんでしょうか。たぶん、人間って肉体だけで生きてるわけじゃないと思うんですよ。魂というか、霊体というか、そういうものってあると思うんです。

肉体のほうは少し形が変わっても、そっちの形が馴染むまではもうちょっと時間がかかるんじゃないでしょうか。だからこう、魂の残像とでも言うんでしょうか、そんな感じのものが写真には写るんじゃないかと私は思うんです。

そういうことって、きっと他の人にもありますよね?

ミキコさんはそう捲《まく》し立てた。

つきまとう女

付き合い始めた彼女を初めて自分の部屋に招き入れた。ドアを開けると、血まみれの知らない女が立っていた。びっくりするのと同時に、彼女が低く厳しい声で言った。

もう、いいかげんにしてよ。

血まみれの女はすぐに消えた。
あれ誰、と聞いてみたが、わかんない、知らないの一点張りだった。
まあいいや、と思うことにした。知りたくもなかった。

動物好きの隣人

ワタルさんが夜勤に備えて昼に寝ていると、マンションの隣室で猫が鳴いていた。いかにも楽しそうな声で、ふにゃあ、ふにゃあと騒いでいる。おそらく、猫じゃらしか何かで飼い主に遊んでもらっているのであろう。隣室では、たしか三十歳ぐらいの女性が、虎柄の小さな猫を飼っていたはずだ。このマンションに引っ越してきたとき、挨拶に行ったら丁寧に応対してくれたのを思い出した。

生き物が嫌いなわけではないが、ちょっとはしゃぎすぎではないのか。こちらが夜勤の仕事をしていることは知っているはずなのに、ちょっと配慮が足りないだろう。眠りを妨げられ、ワタルさんはだんだん腹が立ってきた。ベッドから起き上がり、パジャマから初めてのジャージに着替えて、隣室へ苦情を言いに行くことにした。

インターホンを押して「すみません、隣の者ですが」と名乗ると、女性はすぐにドアを開けてくれた。髪を後ろで結び、飾り気のないトレーナー姿で、いかにも自宅でリラックスしている風情だったという。隣人が来た事情はだいたい察していたようで、最初から「申し訳ない」というオーラを発していましたね、とワタルさんは言う。

なるべく下手に出て「すみません、夜勤なので昼間は寝たいんです。もう少しだけ、猫ちゃんと遊ぶのは控えめにしていただけますか」と頼み込んでみた。

お隣さんは恐縮しつつ、すみません、すみませんと頭を下げていた。

彼女の背後に隠れるようにして室内にいたのは、どう見ても二百キロはある虎だった。

ワタルさんは、あれは猫だ、あれは猫だと自分に言い聞かせながら自室に帰り、布団に倒れ込んで眠った。

次の日、夜勤を終えて帰ると、お隣さんが小袋入りのキャットフードを買って帰ってくるところに居合わせた。「うちの子は偏食で、これしか食べないんですよ」と笑顔で言う。

今でもときどき、猫の声が聞こえている。甘えるような声が、とても可愛いそうだ。

隣は何を

営業マンのナオユキさんは、週に一度は海の近くの街へ泊りがけの営業に出かけている。自宅には、五歳になったばかりの息子と妊娠中の奥さんがいて、子煩悩なナオユキさんは毎週必ず電話をかけて声を聞いているそうだ。

いいものですよ、子供って。幼稚園であったことをいちいち報告してくれたりするんですよ。今日はこんなお遊戯をやったとか、こんな歌を教わったとか。そういう声を聞くとね、出張の疲れも吹っ飛びますよ。やっぱり家族のためだと思えば、仕事にも力が入りますよね。

ナオユキさんは屈託なくそう話す。いいでしょうねえと彼に調子を合わせて、私は熱い紅茶に口をつけた。きっとそういうものだろう、とは私も思っている。

先月なんですけど、いつも泊まる宿が団体客の貸し切りになっちゃったんで、違うホテルに泊まったんですよ。まあどうせ宿では寝るだけだから、どこでもいいんですけどね。

一日目の仕事を終えてホテルに帰って、いつものように嫁に電話をかけたんです。そしたら、なんか怪訝な声で「今どこにいるの？」って言うんですよ。ホテルの部屋だよ、って言ったんだけど、「テレビ点けてる？」とか「誰かと一緒にいるの？」とか食い下がってくるんですよね。

「さっきから、おじいさんの声が聞こえる」って。部屋には僕以外に誰もいなかったし、何も聞こえなかったんですけど、七十か八十歳ぐらいのじいさんが、「すみません、すみません」としきりに謝る声が聞こえる、と言うんですよ。いや、こっちには全然聞こえないです。嫁のほうにだけ聞こえるんですよ。

そう言われると、やっぱり気味が悪いじゃないですか。嫁のほうも「嫌だ、怖い」って怯えちゃうし。息子の声が聞きたいのに、電話を代わってくれないんですよ。変なものが子供についたら嫌だ、ってね。仕方ないからその日は電話を切って、ホテルの自動販売機でビール買って、飲んで寝ちゃうことにしたんですけど、なんだかベッドの布団がざらざらする感じがして、全然寝られませんでしたね。

でね、朝になったんで窓のカーテンを開けてみたら、墓場なんですよ。窓の下はダイレクトに墓地なんです。隣がお寺なのはわかってたけど、夜は暗くて窓の外がすぐお墓だなんてわからなかったんですね。もうね、怖いというより笑えるというか、むしろ逆に安心しましたよ。ああ、このせいかって。原因がわかってしまえばどうってことないですね。次からは別のホテルにすればいいだけですから。

ナオユキさんは、そう言って二杯目のコーヒーを飲み干した。

私は、「それってもしかして」とホテルの名前を挙げてみた。ナオユキさんはさも嬉しそうに「そうですそうです、そこです！」と満面の笑みを浮かべる。

七年ほど前、私もそのホテルに泊まったことがあった。そのときSNSに画像を上げたので、日付もはっきりしている。二〇一五年四月十八日のことであった。

その街で映画の上映イベントがあり、車で三時間もかけてわざわざ出向いたのだ。ナオユキさんは夜にそのホテルへ着いたので、窓の外が墓地だと気づいたのは朝のことだったが、私はイベントの前にホテルにチェックインして荷物を置いてからイベントへ向かったので、隣が墓地だということは最初からわかっていた。

なかなかないロケーションだけに、私もわくわくして宿泊したものの、泊まった夜は廊下を宿泊客らしき和服のおじいさんがうろうろしているだけで、特に何も起きなかったのを覚えている。

私がそう言うと、ナオユキさんはふと黙ってからつぶやいた。

「そのおじいさん、本当にこの世の人だったんですかね？」

モデルハウスの怪

カナコさん夫婦は、自宅を新築するため住宅展示場を見て回っていた。どのモデルハウスにも一長一短があって、なかなか気に入るものは見つからなかった。

最近は、モデルハウスに泊まれる展示場があるそうだ。カナコさんと夫はそこに申し込んで、泊まってみた。最新設備の揃ったモデルハウスに一晩泊まってみることで、新しい自宅にどんな設備を導入すればいいかの参考にもなるのだという。

キッチンやお風呂の使い心地もしっかり確かめて、夫婦それぞれ別々のベッドルームで就寝することにした。

ベッドの寝心地や寝室の断熱性能を確かめているうち、カナコさんはうとうとし始めた。すると、ベッドの下で何かがもぞもぞ動く気配がする。

はっと息を呑んだ次の瞬間、ベッドの中で足を掴まれた。冷たい手だった。掛け布団の中をはねのけて足のほうを見ると、記念写真スタジオで着せられるプリンセスのようなドレス姿の、三歳ぐらいの女の子が、小さな両手でカナコさんの足をつかんでいた。

気がつくともう朝だった。はねのけたはずの布団をしっかり掛けて、何事もなかったように眠っていたのだった。

モデルハウスだから、住んでて亡くなった人なんかいるわけないし、あの展示場の前歴を調べてみたんですけど、もとは自動車修理工場があったところで、やっぱり子供が死んだことなんかあるはずないんです。

思ったんですけど、モデルハウスって人が住む家と同じに作られるのに、誰も住まないまま取り壊される運命なわけじゃないですか。それって悲しいと思うんです。あれはきっと、家の妖精みたいなものが、さみしくてかまってほしかったんじゃないか、って思うんですよね。

私は東北人なので、こんなときには座敷わらしという言葉がすんなり出てくるが、東京出身のカナコさんはそうでもないようだ。

キッズセラピー

関西のある県で高齢者介護の仕事をしている、タエコさんの話である。

うちのホームはユニットケア型といって、リビングや食堂などの共有スペースを囲んで十人分の個室があるんです。それを一ユニットとして、それぞれ専任のスタッフがケアをする。それが全部で十ユニットあるので、入居者は全部で百人ぐらいですね。

このシステムだと、従来型の大型施設にくらべて自宅に近い環境で、ひとりひとりの方に合わせた個別ケアができますし、決まった介護スタッフのもとで安定した家庭的な生活を送ることができるんです。その代わり、入居者間やスタッフとの人間関係を良好に保つ努力が必要になりますけどね。

入居者の方はみなさん高齢ですから、中には認知症の方も少なくないです。

認知症にはよく知られているアルツハイマー型認知症と、脳出血や脳梗塞が原因の血管性認知症、それから脳の神経細胞にレビー小体という異常なタンパク質の塊ができる、レビー小体型認知症があるんですが、特にレビー小体型の方に多いのが、幻覚症状なんですね。

そこにいないはずのご家族が見えるとか、誰かが悪口を言っているのが聞こえるとか、虫が背中を這っているのを感じるとか、あまりよろしくないものが多いようです。

うちの施設では、以前から「知らない女の子がいる」と訴える方が何人もいました。窓の外から見ていると言われたこともあるし、庭で踊っていると言われたこともあります。

うちのユニットに、認知症からくる被害妄想がひどくなって、いつも個室にこもっているおばあちゃんがいるんですけど、この方が珍しくリビングのソファに座って、手を伸ばして目の前の何かを撫でるような動作をしていたんですよ。「可愛いねえ、何歳やの」とか言いながらですよ。あらどうしたの、って声をかけたら「ここに可愛い女の子がおるのよ」って言うんです。

そんなとき、私ども介護者は決して幻覚を否定しないんです。あら可愛い子やね、どこから来はったんやろね、とか話を合わせて、人のおうちに勝手に入ったらあかんよ、あっち行こうね、と連れ出すようにしてあげると、おさまりますね。

そんな話を喫煙所でしていたら、別ユニットの担当者が「タエコちゃん、ウチでもあったよ」というんです。そのユニットの、認知症に加えて関節の拘縮《こうしゅく》が進んでしまって、ずっと身体をツタンカーメンみたいなポーズで硬直させているおばあちゃんが、朝にすごい剣幕で怒っていたそうなんですよ。「あんたらがわてに知らん子供をおんぶさせるもんやから、背中が痺《しび》れてしもうてご飯も食べられへん、これ一体どこの子や」って。このときは、あかん子やね、おばあちゃんにごめんなさいは？　とか叱ってみせて、いちおう施設長へのレポートには「幻覚症状および痺れ、食欲不振あり」と書いておいたそうです。

また別のユニットでは「子供のおばけがおる、怖い」と訴えるおばあちゃんがいました。なんでおばけやと思うのって訊いたら、床から生えてきたって言うんです。頭からぬーっと出てきて、そのまま上にふわーっと浮いてって、頭から天井にすーっと吸い込まれていったって。

これは困ったそうですよ。もうおらんようになったから大丈夫よ、といくら言っても「また出てきたらどないしよ」って怖がるもので、しょうがないから部屋の隅に盛り塩をして、これでもう安心ですよと言ってあげたら納得してくれたそうです。

まだあるんですよ。

別のユニットのおばあちゃんは、もう認知症がだいぶ進んでしまって、自分の名前も言えなくなっていたんですけど、急にしゃっきりとなってベッドの上に起き上がって、窓の外を指さして「あそこに知らん子供がおる」って言ったそうなんです。隣の棟の、屋根の上なんですよ。「あんなところに登ったらあかん、はよう降ろしてあげて」って。

このときは脚立を持ってきて、若い男性スタッフに屋根に登ってもらって「もう大丈夫や。はようおうちにお帰り」って、見えない子供を相手に芝居をやってあげたんですよ。

そうしているとね、私たちもここには子供がいるものとして振る舞うようになるんです。置いておいたボールペンがないとか、テレビのリモコンがどっかいったとか、何かちょっとしたことがあるたびに「あの子のしわざやね」なんて言い合ったりして。

でも、軽口を叩いてはいられなくなる事態が発生しまして。

入居されている方が、次々に亡くなったんですよ。

最初に亡くなったのは、うちのユニットのおじいちゃんでした。その日の朝まで元気で冗談を言っていたのに、胸が痛いと訴えてすぐに意識を失ってしまって。すぐに救急車を呼んで、こちらでもAEDや心臓マッサージをしたんですけど、そのままお亡くなりになってしまいました。

ほかのユニットでも、同じように前日まで元気で、お食事もして就寝時の体温も平常だったおじいちゃんが、朝になったら冷たくなっていたし、突然死が続いたから施設長もぴりぴりして、日誌の項目も増やして入居者の健康管理を徹底したんですけど、結局二ヶ月で十人の入居者がお亡くなりになったんです。

え、子供を見た人がお亡くなりになったんですか、って？

とんでもない。その逆です。十人もの入居者が立て続けに亡くなったんですけど、あの子供を見たという方は、ひとりも亡くなってないんですよ。最初のおばあちゃんも、次のおばあちゃんも、みなさん今も健在でいらっしゃいます。

亡くなったのは、あの子を見ていない人たちだけなんです。

見えない女の子も、今も元気に暴れているみたいで、夜中に走り回る音がして日誌のレポートが書けない、なんていうスタッフもいるんですよ。

音が聞こえたスタッフはいるけど、まだ見た人はいないですね。そのうち私にも見えるんじゃないかと思うと、怖いような楽しみなような、複雑な気持ちがします。きっと、可愛い子なんでしょうね。早く会いたいような気もするし、でも見るのはやっぱり怖いような気もします。

背の低い影

ヒナコさんが入った大学には古い寮があって、彼女はそこで学生時代を過ごした。今どき珍しい四人部屋で、日当たりも風通しもあまりよくない。廊下はぼんやりと薄暗く、「怖い」というのが第一印象だった。

ヒナコさんの印象は的中していて、入居してすぐに不思議な現象に見舞われたという。夜、四人それぞれ自分のベッドにいるのに、誰かが歩きまわる気配がする。最上階に入居した寮生が、天井上で人が走るような足音を聞く。

中でもヒナコさんが怖かったのは、夕方にお風呂に入るため部屋を出ると、各階にある洗面所のところで、背の低い人影が目の前を横切ることだった。ヒナコさんは身長百五十センチぐらいの小柄な人だが、彼女よりさらに頭ひとつ分ほど低い、小さな人影だという。

これはヒナコさんが入学してから、卒業するまで続いた。

ヒナコさんは、同じ寮の仲間にもあまりこのことを言わずに過ごしていたが、四年生にもなると度胸がついてきて、同じ寮の後輩たちにも「洗面所のところって人影が出るよね？」と訊いてみた。

すると、ほとんどの学生が「私も見たことあります」と答えたのである。ヒナコさんの後輩には、オカルト好きの学生もいたので、いろいろ背後関係を調べてきたそうだ。

その後輩の話によれば、戦時中この近辺にも空襲があり、多くの人が亡くなっている。犠牲者は日本人だけではなく、米軍の爆撃機がここで撃墜され、飛行機の残骸の中からは下半身のちぎれた遺体がいくつも発見されたのだという。

ヒナコさんは、体格のいいアメリカの軍人が下半身を失ったら、ちょうど自分より頭ひとつ分ほど小さい背丈になる、と気づいた。

どうしてなんでしょうね。そのことを知ったとき、あの人影が怖くなくなったんです。かわいそうだな、と思ったんですね。きっとまだ若い人が、遠くの国まで来て、いくら戦争だからって人を殺すことなんかしたくなかっただろうに、爆弾をいっぱい落としてたくさんの人を死なせて、挙句に自分も撃ち落とされてしまって、身体がばらばらになるような悲惨な死に方をしてしまうなんて。何十年も経ったのに、まだそこにいるんですよ。つらいでしょうね。

でも、大学を卒業して寮を出てからはまた感じ方が変わって、あの人影を思い出すたびにぞっとするようになりました。寮にいたときは、素性を知ってからは怖くなくなったのに。あのときはどうして怖くなかったんだろう。

不思議に思えて仕方ないんです。

私も採話経験があるが、東日本大震災のとき多くの怪談が生まれた。それらは鎮魂のため語られるという性格が強く、語る人々にとっては怖くないものだった。恐怖とは得体の知れなさからくるものである。同じ共同体に属する、地縁血縁で結ばれているところの怪異は、怖くないのであろう。そこから離れてしまうと、怪異はまた恐ろしい存在となるのである。

なお、ヒナコさんの大学の近くで米軍の爆撃機が撃墜されたという話は、私も戦時の記録を調べてみたが見つからなかった。

本土空襲を行ったB29爆撃機が撃墜されたり墜落した例はいくつもあり、中には搭乗員を軍法会議を経ず処刑して、戦争犯罪になった例もある。

しかし、ヒナコさんの大学の近くであった例は、私が調べたところ戦時中のことではなく、戦後になってから駐留米軍が起こした事故であった。

搭乗員は脱出して無事だったが、作業中の爆発により十名を超える死者が出ていた。その多くは日本人だったという。

きっかけ

その日、ユカリさんは残業が長引いて、自宅の最寄り駅に着いたときはもう夜の十一時を過ぎていた。いつものように駅前のコンビニで夜食とビールを買い、歩いて八分の自宅へ向かう。

疲れのせいか、ふっと立ちくらみのような感覚をおぼえる。あわてて足元を確かめ、姿勢を立てなおすと、いつも見慣れた帰り道なのに、知らない街に迷い込んでしまったような心細さを感じた。

すると、後ろから足音がするのに気づいた。コツコツという硬い靴の音ではなく、ペタペタという、サンダルかスニーカーのような音だった。自宅アパートまでは一本道で、このままだと家の前まで誰かがついてくることになってしまう。街灯の少ない道には「ちかんに注意!」という看板があった。

ユカリさんは、後ろから歩いてくる人をやり過ごすため、立ち止まって携帯電話を取り出し、電話に出るふりをした。

「はいもしもし、あ、どうもお世話になっております。ええ、大丈夫です。はい。はい。あ、例の件ですね。それでしたら明日の午後までにはご用意できるかと思います。そちらのご都合はいかがですか。ええ。ええ。そうですねえ」

深夜だというのに仕事の話を装って、どこともつながっていない電話で口からでまかせのニセ会話を続けた。我ながらよくこんなにすらすらと言葉が出てきたものだと思います、と語る。

足音が近づいてこないので、恐る恐る後ろを振り向いてみた。

誰もいない。冷たい風が吹いているだけだった。

怖くなったユカリさんは、走ってその場を立ち去り、アパートの階段を駆け上がって自室までたどりついた。コンビニで買ってきた夜食とビールをテーブルに置き、大きなため息をつく。すると玄関をドンドンと激しく叩く音がした。悲鳴を上げたくなるのをこらえて、ドアスコープから外を見てみる。

アパートの玄関先で、真っ白の大きな犬が舌を出して、はあはあと激しい息をしていた。犬好きな彼女には、すぐにサモエド犬だとわかったそうだ。

頭が混乱して、ついドアを開けてしまった。しかしそこに犬の姿はなく、冷たい風が部屋の中を吹き抜けていったという。

次の日から、アパートの上の階で子供が走り回る音が聞こえるようになった。

このアパートは二階建てで、ここは二階である。

ユカリさんはそれから間もなくここを出て、かねてから「一緒に住もうよ」と言われていた彼氏と同棲を始めたそうだ。

引っ越しのきっかけって色々あるんですね、とユカリさんは言った。

祭りの気配

チエコさんが三十年前、夫の転勤で東北地方へ引っ越して間もない頃である。まだ春浅い、年度が変わらないぐらいの時期だったそうだ。

東向きのベランダで洗濯物を干していると、ほんのり暖かい風が吹いて、どこからか音楽のようなものが聞こえてきた。

はっきりとメロディは聞き取れないが、祭りばやしのようなかすかな音色と、楽しげな雰囲気だけが伝わってきたという。

この街に住んでまだ日の浅いチエコさんは、きっと地域のお祭りなのだろうと思い、自転車に乗ってそちらへ行ってみた。はっきりとした方向はわからないが、気配のするほうへ向かえば見つかるはずである。

しばらく自転車を走らせていると、大きな通りに出た。そこまで誰ともすれ違わなかったので、チエコさんは違和感をおぼえたという。お囃子《はやし》が聞こえるぐらい近くに来たのなら、お祭りに向かう人や帰る人の姿があるはずだ。

しかし、誰もいない。

チエコさんは、きっとすごく小さな地域限定のお祭りなのだろうと思い、さらに周囲を自転車で走って、探してみることにした。

小さな道に入ってみたり、路地を通り抜けてみたりを繰り返しているうち、ようやく音のする場所を見つけた。

正確に言えば、「ここを曲がれば、そこにある」と確信する曲がり角を見つけたのだという。やっと見つかった、と安堵しつつ、チエコさんはその角を曲がった。

そこは墓地だった。

誰もいない、静かで落ち着いた、なんとも清浄で暖かい空気に満ちた空間だった。

そういえば今日はお彼岸だった、とチエコさんはその時になって気づいたという。

そういうことを、とても大事にする土地なんだな、と思ったんです。そのとき、これからもずっとこの街に住もうと思いました。

そう語るチエコさんは、生まれついての東北民である私なんかよりも、ずっとこの土地を愛しているようだった。

ベビー・イン・カー

　秋のすっかり暮れた夕方に、ユウコさんは小さなスーパーの駐車場へ車を入れた。降りると、隣の軽自動車の助手席に、チャイルドシートに乗せられた一歳ぐらいの幼児がいた。泣きもせず眠りもせず、目を開けたままじっとしている。一瞬ぎょっとしたが、夏ならばすぐ通報するところだけど、この涼しさなら慌てることもないだろうと思い、そのまま店に入ろうとした。

　背後から、

ぱぱはひとごろしのくせに、はんがくのけーきをかうんだよ

と小さな子供の声で話しかけられた。驚いて振り向くと、駐車場に子供の姿はない。窓の閉まった車内にいる、まだ喋れるはずのないあの子としか思えなかった。

　ユウコさんは、本当にあの子が喋ったのか、気になって軽自動車に近づいた。そのとき後ろから「何か？」と声をかけられた。

ケーキが二つか三つ入るぐらいの小さな箱を持った、腫れぼったい目をした男がそこに立っていた。

ユウコさんは「いえ、なんでも」と言いながらその場を足早に去り、スーパーの店内へ入っていった。買い物を済ませて自分の車に戻ると、隣の軽自動車はもういなかった。

あれから、テレビを見たり新聞を読んだりするたびに、あの腫れぼったい目をした男のニュースが出ていないか、気になって仕方がないそうだ。

運命の人

五十年ほど前、小学生だったトミコさんは、朝に見ていた子供向けのテレビドラマで、とても怖い最終回を見た。

不思議な魔法を使う宇宙から来たお姉さんが、小学生の女の子とその両親の家に同居するコメディだったのだが、最終回でそのお姉さんが地球を去るとき、魔法のステッキをくるりと回して呪文を唱えると、女の子とその家族が立ったままどろどろと溶けてなくなってしまうのだ。お姉さんは家族をすっかり消してしまうと、満足して宇宙船に乗って行ってしまったという。

ところが、学校へ行って友達にその話をしても、「何それ」「そんな番組知らない」と言われる。その最終回どころか、誰もその番組を知らなかった。トミコさんも、その番組のタイトルや出演者を覚えていない。確かに見たもん、と言い張っても嘘つきよばわりされるだけなので、トミコさんはこの話をするのはやめることにした。

大きくなっても、トミコさんはこの記憶を忘れることはなかったが、いくら調べてもそんな番組のことはどの本にも書いていなかった。夢でも見たのか、それとも子供の妄想だったのかもしれない、と思うようになっていった。

やがてトミコさんは大人になり、叔母さんが熱心に薦めるのを断りきれずにお見合いをすることにした。相手の男性はあまり冴えないサラリーマンという感じで、気乗りがしなかったトミコさんは、変な話をして困らせれば向こうから断ってくれるだろうと思い、あのドラマの話をしたそうだ。

私が子供の頃、とても気味の悪いテレビドラマを見たんです。魔法使いのお姉さんが、下宿先の家族を魔法でどろどろに溶かしてしまって、そして宇宙に帰っていくんです。でも、誰に話してもそんなドラマあるわけないって言うんですよね。

あ、それなら僕も見ましたよ。あれは怖かったですねえ。お姉さんの魔法のステッキがね、先についてる星のマークがきらきら光って、それをくるくる回すとなんともいえない不思議な光が出るんですよね。男の子だけど、あのステッキがほしいと思いましたよ。

トミコさんは、初めてあのドラマについて話すことができる相手にめぐりあった。彼は自分よりもあのドラマにくわしく、お姉さんの衣装や主人公一家の家業にいたるまで覚えていた。主人公一家がパン屋さんだったことを、トミコさんはその見合いの席で初めて知ったという。しかし、彼もやはりそのドラマのタイトルや主演女優については覚えていなかったそうだ。

トミコさんの叔母さんと、彼のお母さんは、自分たちにはわからない話題で盛り上がるふたりにいささか困惑していたが、意気投合している様子にいい感触を抱いたようだった。トミコさん自身、この人しかいないと確信したそうだ。交際は順調にいきそうだと思った。

しかし、顔合わせの日から何日過ぎても、彼のほうからまた会いたいと連絡がくることはなかった。そのうち、彼の母からトミコさんの叔母に、この話はなかったことにしてほしいと連絡が入った。

彼が失踪したのだという。

他に女がいたんじゃないか、お見合いが気に食わなかったんじゃないか、隠している借金でもあったのでは、叔母さんはいろいろ憶測したが、どれも彼の母に否定された。

お見合い三日後の夜、彼は「星を見にいく」と言って家を出たきり、そのまま消息を絶ってしまったのである。

それから三十年以上が経過したが、トミコさんはあの彼以外の人は考えられない、といまだに独身を貫いているそうだ。
私もそのドラマについて調べてみたが、やはりそんな作品は見つけられなかった。

せち

アキナさんには不思議な記憶がある。

十歳になるぐらいの頃まで、世間にはペット動物といえば犬と猫、それに「せち」という生き物がいた。

せちは大きな卵から生まれる生き物で、毛並みが美しく、撫でるとうっとりするような芳香を放つ。目はないが聴覚が発達しており、飼い主の声をよく覚える。一時はとても人気のある生き物だったが、しかし飼い主以外の人間を嫌い、よくしつけをしないと人に危害を及ぼすことがある。時おり、せちによる被害がテレビのニュースで報じられている。

しかし、アキナさんのお母さんが自殺した翌日から、せちという生き物の話をする人はひとりもいなくなってしまった。以来、この話は誰にもしたことがない。

そんなアキナさんも二十歳になり、成人式で小学校の同級生と久しぶりに会った。あまりよく覚えていない男子から、「よう、せち。久しぶりだな」とあだ名で呼ばれた。怖くなって、同窓会には出ないまま逃げ帰ったそうだ。

キングコングみたいな犬

シゲキさんの、定年退職後の日課は早朝のウォーキングである。毎朝五時に起床し、雨の日以外はジョギングシューズとスパッツに着替えて、五キロは歩いている。小一時間ほどの運動で、軽く汗をかいてストレス解消になり、太り気味を指摘されていた健康診断の数値も改善されているという。もう半年ほど続いている。

早朝には、思ったより多くの人が活動を開始している。遠くの職場まで出勤するであろうサラリーマン風あり、ボディメイキングに余念のないフィットネス系女子あり、シゲキさんと同年代くらいの、全身スポーツウェアで固めたウォーキング系おじさんあり。

とりわけ目立つのは犬の散歩である。

この半年で、顔見知りになった犬と飼い主はもう何組もいた。ふさふさした毛並みで悠然と歩くゴールデン・レトリーバーあり、主人のほうを振り向いてはくるりくるりと回転しているポメラニアンあり、走り出そうとしてはリードで制止されるウェルシュ・コーギーあり。

（なお、シゲキさんはあまり犬にくわしくないので、この犬種については特徴を聞き取った鷲羽が判断したものである。ご本人は「おっきくて毛がふさふさの甘えん坊」「ちっちゃくて丸っこくてきゃんきゃん吠えるやんちゃ坊主」「短足で胴体がぶっとくて重戦車みたいなやつ」などと表現されていた）

ある朝、シゲキさんは珍しく馴染みの道を外れて、いつもは行かない公園のほうへ歩いてみた。とくに理由はない、気まぐれでのことである。うっそうと街路樹が茂り、やや薄暗いが色濃い緑が目に心地よかった。馴染みの面々も、この道にはいない。

前から犬と少年が歩いてきた。ちょっと違和感のある組み合わせだったという。

迷彩柄のサファリ帽を被った、小学校に入るか入らないかぐらいのまだ小さな男の子と、シゲキさんいわく。

「キングコングみたいな犬」

だった。そんな犬は聞いたことがないので、詳しく特徴を教えてもらった。体高は七十センチぐらいで、顔はブルドッグに似ていて鼻が短い。耳はほとんどないと言っていいほど小さく、異様に太い四肢と胴体には、人間のボディビルダーみたいな筋肉が盛り上がっていたそうだ。

私の判断だが、おそらく世界で最も獰猛な闘犬として知られるアメリカン・ピットブルの、特に大型でしかも遺伝子の突然変異により筋肉が異常に発達した個体であろうと考えられる。ピットブルは、国によっては飼育が禁止されている危険な犬種だ。しかもそのように特異な個体を、口輪もつけずに、あまつさえ子供が散歩させるというのは非常識きわまりない話である。随分ひどい話ですね、と私はシゲキさんに言った。


いや、別にどんな犬でもいいんだよ。そういうことじゃなくてさ。すれ違うとき「おはようございます」って言われたんだけど、どう聞いても大人の男の声だったんだよ。低い声でさあ。子供はずっと下向いてたし。あれ、犬が喋ったような気がするんだよな。あのキングコングみたいな犬が。

俺もびっくりしてさあ、ふりむいてみたらもう子供なんかどこにもいなくて、迷彩のサファリ帽を被った犬がひとりで走ってたんだよ。警察に電話しようかと思ったけど、キングコングみたいな喋る犬が帽子を被ってうろついてる、なんて言ったら頭おかしいと思われそうだから、やめておいたよ。

ではよしなに

小さな飲食店を経営するトシヒコさんが、古い友人のサダオさんにこんな話をされた。

お前だから話すんだけど、実はおととい、愛人の女が自殺したんだよ。下請け会社の事務員で、俺たちよりひと回り年下の、三十二歳の女だ。ほらお前、俺が先月に女と歩いているところを見たって言ってただろう。あの女だよ。遊びにはいい女だったんだけどな、最近「早く妻と離婚しないと不倫を妻と会社にバラす」みたいなことを言い出して、なんとか穏便に手を切る方法はないかと思っていたところだったんだ。

マンションの十三階から飛び降りて、下に駐めてあった宅配便の車にぶつかって、バウンドした死体が、マンションに植えてあった木にひっかかっていたそうだ。ひどい死に様だよ。いくら手を切りたいと思っていたとはいえ、あんな死に方をされると嫌なものだな。もし遺書に俺たちのことが書いてあったら破滅だが、幸い遺書はなかったようだ。ほっとしたよ。

だけどな、昨日の昼に外で飯を食おうと思って会社のエレベーターに乗ったら、後輩の女が「私も乗ります」って走り寄ってきたんだよ。乗せてやったら、「お昼ご飯に行かれるんでしたら、私もご一緒していいですか」って言うんだ。あまり話したことも仕事で組んだこともないんだが、断る理由もないし、いつも行くそば屋に連れていったんだよ。まだ入社三年ぐらいの、二十五歳の若い子なんだが、正直俺の好みじゃないんだ。痩せぎすのくせにまん丸い顔で、その真ん中にこれまたまん丸い鼻が鎮座していて、目が細くてな。

店できつねそばをふたつ頼んだら、その子が「やっと食事にお誘いできるようになりましたね」って言うんだよ。どうしてか訊いたら「だって、友達が昨日死んだんです」と笑いながら言うんだ。こいつはまともな女じゃない、まずいことになったと思ってなあ。周囲をうかがいながら小さな声で「すまない。君は若すぎるし、それに俺は同じ会社の人とはお付き合いできない」と言っておいたんだ。そうしたら「承知しました、ではよしなに」ってすごく事務的な返事をしてきたんだよ。せっかくひとつ心配事が片付いたと思ったのに、まったく頭の痛いことだよ。

たしかにトシヒコさんは、一ヶ月ほど前にサダオさんが細面の美女と歩いているのを目撃したことがあった。昔から知っている奥さんとは明らかに別人だ。そのことは誰にも言っていなかったが、彼の女癖の悪さは以前から心配していたところである。だからといって他人が口出しできることでもないし、せめて話を聞くことだけはしてあげようと思った。

実はこのとき、トシヒコさんは売掛金のトラブルを抱えており、この日は借金を申し込むために会ったのだ。しかし、こんな弱みを明かされたうえで金を貸してくれと申し込むのは、恐喝に等しい。借金を申し込むのはやめておこうと思ったが、彼のほうから「ところで商売のほうはどうなんだ？」と切り出してくれたので、トシヒコさんは正直に現状を話した。サダオさんは、「そうか、大変だな。じゃあ必要な分は貸してやる。返済は金ができたときでいいし、口止め料ということで無利子にしておくよ」と快く貸してくれたそうだ。

その三ヶ月後、未回収になっていた売掛金が無事回収でき、返済の目処が経ったトシヒコさんは、サダオさんにお金を返すため連絡を取ろうと思っていた。その矢先に、彼の奥さんから電話がきた。彼の浮気を知っているだけにどきりとしたが、おくびにも出さず応答すると、サダオさんが飛び降り自殺したという知らせだった。

葬儀は大きな葬祭会館で営まれ、親類や友人のみならず仕事で付き合いのあった人たちも大勢参列する、盛大なものだった。トシヒコさんも、多めの香典を携えて参列する。だが喪主をつとめる奥さんに挨拶しに行ったとき、目を疑った。前から知っている奥さんではない。しばらく前に、サダオさんと歩いているところを見かけた、細面の美女だった。この人は愛人で、自殺したはずではなかったか。しかし、彼女はいかにも昔からの知り合いのように「トシヒコさん、よくいらしてくれましたね。主人が本当にお世話になりました。あなたが一番の親友だ、といつも言っていましたよ」と涙ながらに話すのである。こちらが顔を見かけたことがあるだけで、実質初対面だったはずなのだ。

混乱しているトシヒコさんに「主任のご友人ですか、このたびはとんだことで」と声を掛けてくる若い男がいた。ええ彼とは古い付き合いでして、と当たり障りのない会話をしていると、彼は「うちの部署ではふたり目の自殺です」と言う。話を聞いてみると、四ヶ月ほど前に若い女性社員が飛び降り自殺をしたのだそうだ。社員旅行のときに撮ったという集合写真に映っている彼女を見せてもらうと、丸顔で目が細く、まん丸い鼻をした、サダオさんに言い寄ったという女性の人相に間違いなかった。

なんと言えばいいんでしょうね。サダオの死をきっかけに、彼を取り巻く女性たちがぐるっと入れ替わったというか、運命を改変してしまったというか、世界がちょっとずれてしまったような、妙な感じがしましたよ。

お葬式の場で奥さんという女性に「前から貴女が奥さんでしたっけ？」なんて言えるわけないし、気味が悪くなって、結局借金もまだ返しに行けないでいるんですよ。

トシヒコさんのその借金は、法的にはすでに時効になっているし、葬儀の場で彼と会った奥さんが本当に奥さんなのか、その債権を法的に相続できているのかどうか、私にはわからない。

ヤスヒコさんが彼女と歩いていると、「見て見て、白いカラスが電線にとまってるよ」と言われた。彼女が指差すほうを向くと、電線からカラスがぽとりと落ちるのを見つけた。近寄ってみるとカラスは死んでいた。黒いカラスだった。カラスの突然死を目撃したことにはびっくりしたが、彼女に「なんだよ、黒いじゃん」と言うと、「さっきは白かったの！」と強弁したそうだ。

次の夜、ヤスヒコさんが彼女に会うと、青い顔で職場での出来事を話してくれた。彼女が出勤すると、経理の女性が左手に白い手袋をしているのが見えた。どうしたんだろうと思ってよく見ると、手袋はしていなかったので、見間違いかと思った。その日、経理の女性はカッターで手を深く切ってしまい、病院へ運ばれたのだという。

「そんなの偶然だよ」とヤスヒコさんは言ったが、「ヤスヒコも気をつけて。さっき足が白く見えたから」と彼女は泣きそうな顔で言い張るのだった。

次の日、ヤスヒコさんは出勤途中によそ見運転の自転車に跳ねられ、足を骨折する重傷を負った。

入院した病室のベッドで、彼女のお見舞いを待っていると、スマホが鳴った。彼女からの電話だった。

「さっき鏡で私を見たら、一瞬だけ全身が白く見えたの。私どうなるんだろう、怖い」とだけ言って、電話は切れたそうだ。

それから三年経つが、ヤスヒコさんの彼女はあの日からいまだに行方不明だという。

ハッピー・バースデー

キョウコさんのお父さんはいたずら好きな人で、幼いキョウコさんを連れて先祖のお墓参りに行ったとき、「お線香やろうそくの火は、優しく心を込めて、ふうっと吹いて消すんだよ。お誕生日ケーキのろうそくを消すのと同じだよ」と教えていたそうだ。

おかげで私、家族でお墓参りするときはずっと吹いて消していたんです。私の十二歳の誕生日に、父と母と兄が伯父に殺されてからは、家族の墓でもひとりでそうしてきました。結婚して、主人の実家でお仏壇に手を合わせたときに注意されて、初めてそれが間違った作法だと知ったんですよ。でも、夫を連れて実家の墓に結婚を報告にいって、今度はちゃんと手であおいで消したら、帰りに車のタイヤがパンクしましてね。作法を正しくしたというのに、不思議なものです。

キョウコさんはくすくす笑っていた。「怖いことこそ笑って話すんだよ」とお父さんに教わったそうである。

楽しい公園遊び

息子が五歳になるまで住んでいたアパートの向かいに、小さな児童公園があった。そこのすべり台で息子を遊ばせるのが好きだった。

引っ越して三十年になるが、仕事の用事で近くまで来たので、久しぶりに行ってみた。住んでいたアパートはたしかにそのまま現存していたが、向かいに児童公園などなく、苔むした墓石がいくつも並ぶ、朽ちかけた墓場だった。

離れて暮らす息子に電話をかけ、子供の頃にアパートの前で遊んだ話をすると、薄気味悪い墓場で遊ばされるのが本当に嫌だった、と言って切られた。

小さくなって

あるバーで、マスターから聞いた話である。

常連客が何人も連れ立って、喪服で来店した。しばらく顔を見なくなっていた常連のひとりが病気で亡くなり、その葬儀帰りだったのである。

葬儀は、家族とわずかな友人だけが参列する、ごくささやかなものだったという。火葬を終え、骨壷におさまった彼を見て、飲み仲間の友人は「こんなに小さくなっちまいやがって」と涙したそうだ。マスターも、彼の好きだったスコッチウイスキーの水割りを作り、ひとつ余計に用意したコースターに置いて、彼の冥福を祈った。

誰も口をつけないはずなのに、いつの間にかそのグラスは空になっていた。

四十九日が過ぎた頃、マスターが開店前の酒棚チェックをしていると、ボトルの周りで何か小さなものがちょろりと動く気配がした。目をこすってよく見る。虫でも入り込んだのかと思ったが、よく見ると、消しゴムぐらいのサイズの人間だった。手を出してつかもうとすると、もうどこにも姿は見えなかった。

きっと、亡くなった常連客の方なんだと思います。こうして、お亡くなりになった後も顔を出してくれるというのは、客商売をやる人間としては感無量ですよ。ありがたいことです。

酒飲みの気持ちは私にはわからないが、私が死んだらどこに現れたいだろう。ステーキ屋か、楽器屋か、それともケーキ屋か。古本屋か、図書館か。どこでもないインターネットの海を漂うのか。なんだかどれもしっくりこないような気がする。きっと、死ぬまでに見つけられた人は幸せなのだろう。

コイン遊び

ミヨさんが結婚したばかりの頃、夫の稼ぎは少なく、いつも財布の中には小銭しか入っていなかった。わずかな硬貨を掌に出し、ため息をついていたという。

その日も、ミヨさんが十円玉を弄んで無聊《ぶりょう》を慰めていると、夫が帰ってきて、飲みにいくから酒代を出せとミヨさんにせがんだ。

カッとなったミヨさんは、弄んでいた十円玉を夫に投げつけて「もうこれしかないよ！」と啖呵《たんか》を切った。夫は「う、うん……」とだけ言って、その場に座り込んでしまった。

夫が拾った十円玉は、二つ折りにひん曲げられていた。

サイズ展開

女性専用マンションでひとり暮らしをしているヨウコさんが、クローゼットの整理をしていると、７Ｌの大きな男物スーツが出てきた。

ヨウコさんの知り合いに、太った男はひとりもいない。

そういえば時々、マンションのゴミ捨て場で、よその部屋からも大きな男物の服が詰まった袋が捨てられているのを見たことがあった。

とりあえず自分もゴミ袋に詰めて捨てよう、と思ったそうだ。

怨念の亡霊

あるパチンコ店には、有り金すべて負けてトイレで首を吊った客の幽霊が出る。

この話は、おそらく全国すべてのパチンコ屋で密かに囁かれているであろう。それぐらい、この話をする人は多い。どこそこの店はそうだ、あそこの店もそうだ、と語ってくれる人は多いが、実際に体験した人は皆無と言っていいのが、この怪談の特徴である。

二十年ほど前のこと。パチンコ店の店長をやっていた、カズヤさんの話である。

その店もご多分に洩れず、トイレで首を吊った人の霊が出るという噂が立っていた。

古株の客は、実際には首吊り自殺など起きていないことは知っているはずだが、その噂を否定する者は誰もいなかった。勝ったら自分の「引き」のおかげ、負けたら店が阿漕《あこぎ》なせい、というのがパチンコ客の常である。店の阿漕さを物語るために、ここで首を吊った人がいるという話は都合が良いのだ。カズヤさんたち店のスタッフも、わざわざ否定するようなことはしない。そんなことをしても噂がやむことはないと知っているからである。

しかし、だんだんその噂が具体的になってきた。死んだのは髪の長い若い女だったとか、赤いノースリーブのワンピースを着ていたとか、火曜日の夜に出るとか、そんなディテールが追加されていき、従業員すら怯え始める始末だった。カズヤ店長も不愉快な思いをしていたという。

そんなある日、夜遅くに自宅へ帰ったカズヤさんが、トイレの扉を開けると、赤いノースリーブを着た髪の長い女が首を吊っていた。顔は膨れて舌が飛び出しており、すさまじい苦悶の表情に見えた。

カズヤさんが扉を一旦閉めて、また開けると誰もいなかった。そもそもこのトイレに、首吊りの紐をかけるところなどないのである。さっきの女は、どこに紐をかけて首を吊っていたというのか。

設定が甘いんですよ、あいつらの考えることは。だいたいね、こっちも仕事でやってたんだから、俺を恨むのは筋違いですよ。あいつらの金をそっくり俺がもらってたわけじゃねえんだから。別に来てくれと頼んだわけじゃないんですよ。自分が勝手に甘い夢を見て、マシンに銭を突っ込んでね。それで負けたからって、その怨念でもってありもしない亡霊をでっち上げて、しかも店の中じゃなく俺のプライベートな空間にね、怨念の亡霊なんかを送ってくるなんて、そんなのルール違反ですよ。そう思いませんか。

その後すぐにパチンコ業界から足を洗ったカズヤさんだが、二十年後の今でも、まるで昨日のことのように怒りをあらわにするのであった。

絵画の裏

大学でロシア文学を専攻しているアリョーシャさん（ご本人の希望によりこの仮名としました）のおじいさんが、どこかで絵を買ってきた。美しい女性が池のような水の中に沈んでいる絵で、『ハムレット』の恋人オフィーリアをモチーフにしたものであろう。絵は名のある画家の手によるものではなく、しかもオリジナルではなくシルクスクリーンであった。芸術品ではなくインテリア用品のたぐいである。

気楽に扱ってよいであろう。アリョーシャさんはそう思った。

額装して家の廊下に飾ると、よく映えたという。

ところが、これを家に飾ってすぐ、アリョーシャさんの家では怪事が多発したのである。就寝中、誰も触れていないのに冷蔵庫が開いて警告音が鳴ったり、お風呂にお湯をはって入れるようになった五分後には浴槽が空になっていたり、洗濯機が誰も触れていないのに途中で止まっていたり、と主に家電の誤作動が多かった。

お父さんやお母さんは単なる故障だろうと言っていたが、アリョーシャさんは「あの絵が怪しい」とまず思ったそうだ。おじいさんに絵の出どころを問いただしたが、のらりくらりとかわされてしまう。アリョーシャさんは業を煮やして、家族が寝静まった夜遅くに、絵を壁から外してみた。

絵ではなく、額の裏側に、アリョーシャさんには読めない文字で何か書いてある。うねうね曲がった線といくつもの点、ところどころに小さな丸が、どうやら規則性を持って並んでいるらしい。文字数はわからないが、二行ぐらいの文章に見えた。

アリョーシャさんの語学力では解読できそうにないので、その文字列らしきものをスマホで撮影し、大学の先生に見てもらうことにした。

しかし、担当教授に見てもらっても、他の外国語を専門にしている先生に見てもらっても、「こんな文字は見たこともない」と同じ答えが帰ってきたそうだ。

古文書の解読を専門にやっている先生に見てもらっても、やはりこの文字は読めなかったという。その先生が、こんな見解を示してくれましたとアリョーシャさんは語った。

おそらく、これは精神に変調をきたした方が作った、自分だけの言葉ではないかと思いますね。

アリョーシャさん家の怪現象は、絵を買ってきたおじいさんが間もなく亡くなったのをきっかけに、ぴたりと鎮まったそうだ。

絵はそのまま廊下に飾られており、現在、卒論に苦しんでいるアリョーシャさんは、ときどき眺めては目を癒しているのだという。

すり抜けていった女

年配の男性が運転するタクシーに乗っていると、前方にいきなり裸の女が現れた。運転手はまったく見えていないようで、減速もしない。思わず「ぶつかる！」と声が出たが、女はタクシーの車体をすり抜け、車内もするりと通過して消えた。

運転手が「どうかされましたか?」と訊くので「いま、裸の女が」と言うと、ため息をついて「まだ許してくれないのか、もうおつとめも終えたのに」とつぶやくのが聞こえた。

礼に始まる

ヨウヘイさんが中学二年で柔道部にいた頃、一番乗りで道場の戸を開けると、真ん中に干からびた山羊の頭がごろんと転がされていた。

うわっ、と声が出て後退りしそうになると、山羊の頭が「ちゃんと礼して入れ」と電子音のような声で言った。

言われたとおりに一礼すると、畳の上にはもう何もなくなっていた。


その日の稽古で、ヨウヘイさんが三年生の先輩に絞め技をかけようとしたら、手が首に触れた途端に先輩が失神した。

顧問の先生は「あ、今週は休みにする」と言い、大会前だというのに一週間も道場へは誰も入れなかった。

侵略者を撃て

ミツオさんの実家には、祖母が好んで集めていた日本人形が十体もあった。ミツオさんは子供の頃、この人形たちが怖くて大嫌いだったのだが、祖母の十三回忌を機に処分することになった。

ご両親は、人形たちをガラスケースごと慎重にタオルでくるみ、車に載せてお寺まで持ち込み、丁寧に供養してもらった。電話口で、積み込むときの苦労を長々とミツオさんに話して聞かせたそうである。

その次の夜、夕食を終えてミツオさんがくつろいでいると、お風呂に入ろうとしていた奥さんが、バスタオル一枚で「ちょっと、何よこれ」と声をかけてきた。手には、まだタグがついたままの真新しいソフトビニール人形を持っている。奥さんがお風呂に入ろうとしたら、浮かんでいたのだという。

小さい頃、祖母に買ってもらったのと同じ、バルタン星人だった。

普通、こういういわくつきの人形ってのは、一点ものじゃないですか。量産ものが、捨てたはずなのにまた新品でやってくるなんて、そんな話ほかにありますか？　いくらバルタン星人が分身の術を使うからって……。

ミツオさんは、真剣に悩んでいるようだった。

花の行方

長年にわたり花屋を経営しているタカコさんは、入店してきたお客を見ると、お祝いの花を買いに来たのか、お供えの花を求めて来たのか、だいたいわかるそうだ。

これが、お供えの人は黒い煙が出ているとか、お祝いの人は金色のオーラが光っているとか、そういうわかりやすい判別法があると怪談らしさが増すところだが、残念ながらそういうものではなく、入ってきたときの表情や歩き方、店内に向ける視線、そういったもので判断しているのだという。一種のシャーロック・ホームズみたいなものであろう。

「十年、勘が一回だけ外れたことがあるんです、とタカコさんは語る。

痩せて小柄な、メガネをかけた若い男性でした。二十歳かそこらだったと思います。入ってきたときすぐ「あ、これはお供えだな」とわかりましたね。目の光が弱いというか、店のお花を見る視線が全体的に低いというか、歩幅が体格に比して小さいというか。私はそういうところで判断しているんですけど、彼は百点満点でお供えという感じでしたね。

それが、私のところへ来るなり「彼女にプロポーズするので、花束を作りたいんですが」と言うんです。びっくりしちゃって、「え、お供えじゃないんですか?」って口にしそうになりましたよ。プロポーズにしては随分若いなとも思いましたし。とりあえず予算をお聞きして、ゴージャスより可憐な感じのほうがお好みだとのことだったので、ピンクのガーベラを中心にしてお作りしました。あれは我ながら、いい花束ができたと思いますよ。いい仕事ができたのはうれしいけど、あの雰囲気でそういう花束を買っていく人もいるんだと思うと、自分の目もまだまだだなと思いました。

それで、お店を閉めて帰る途中、近くのマンションにパトカーが来ていて、野次馬がいっぱい集まっていたんですよ。聞いてみると、若い男の人が飛び降り自殺したっていうんです。

そのマンションには知人が住んでいるので、あとで聞いてみたんですけど、飛び降りたのはうちで花束をお作りしたあの人だったんですよ。最上階の手すりを乗り越えて、脱いだ靴と私がお作りした花束をそこに置いて、飛び降りたそうです。プロポーズを断られて自殺したのかなとも思いましたが、彼は中学生ぐらいからずっとひきこもっていて、彼女なんかいないはずだというんですね。

あの花束は、贈る彼女なんかいないのにそういう気持ちになってみたくて買ったものなのか、それとも自分へのお供えとしてあつらえたということになるんでしょうか。私にはくわしい事情はわかりませんけど、もし自分へのお供えとして買ったんだとしたら、やはり私の勘は当たっていたということになりますかね。

タカコさんは言葉こそ慎重だが、自信満々といった態度でこう話していた。

僕だけの生首

トミオさんが物心付いた頃から、家の玄関には生首がぶら下がっていた。最初に覚えているのは、しかめっ面をした中年の男だったという。年に一度ほど、気がつかないうちに別の生首に変わるのが常だったそうだ。次に覚えているのは丸顔の若い女で、その次はトミオさんといくつも違わないくらいの男の子だった。

幼稚園にあがる頃、トミオさんは「この生首ってなんなの?」と玄関先で生首を指さして、両親に質問したことがある。しかし「何を言ってるんだ、生首なんてないぞ」「どうしたの、何もないところを指さしたりして」と、怪訝な様子だった。そのとき、トミオさんは「あ、これ僕にしか見えないんだ」と理解したという。両親は「そんなこと、よその人に言っちゃだめだよ」と、厳しく言いつけたそうだ。

小学校に入る頃は、生首は老婆のものだった。手の届かない高さにあるので触れることはできないが、血の匂いがすることはなく、またいつまでぶら下がっていても腐ったり干からびたりすることはなかったという。きっと、この世のものではないのだろうと思うようになったのはこの頃だ。

トミオさんの両親はしつけが厳しく、決して家に友達を連れてくることを許さなかった。トミオさん本人は「僕にはわかりませんけど、きっと何かの宗教をやっていたんだと思います。僕をひとりで家に置いて、両親が出かけることもしょっちゅうでしたし。家は袋小路の奥にあって、誰かお客さんが来ることもなかったし、新聞も取ってなかったので、他人の目にまったく触れないような生活だったんですよね」と語る。

生首は、中学に上がる頃から見えなくなった。

ご両親の厳しい教育の成果なのか、トミオさんは優秀な成績で国立大学を卒業し、家を出て働きはじめた。自治体で教育に関わる仕事をするようになり、「イマジナリーフレンド」という言葉を知って、あの生首も自分にとってのそういう存在だったのかもしれないと思うようになったそうだ。

三十歳になる頃、トミオさんは今の奥さんと知り合い、結婚を約束した。彼女を両親に紹介するにあたり、トミオさんはちょっとした悪戯心を起こした。帰省するとだけ両親に言っておき、いきなり彼女を連れていって、サプライズを味あわせようとしたのである。

飛行機と列車を乗り継ぎ、やっと懐かしの実家へやってきた。彼女は「本当に大丈夫なの？」と心細そうだったが、トミオさんは、厳しかった両親に一矢報いるような気分でうきうきしていた。

家の前まできたとき、彼女は立ち止まって玄関のひさしのあたりを指さした。眉をひそめて「何あれ？」と言う。トミオさんにはただの玄関しか見えない。「なんかおばちゃんの生首みたいなのがあるよ」と言う彼女に、トミオさんは息が止まるほどのショックを受けた。

結局そのとき、「何もないよ、目の錯覚じゃないの？」とごまかして家に連れ込んだのはいいが、両親は「家に人を連れてくるなと言っただろう」と激怒し、せっかく婚約者を連れてきたのにその態度はなんだ、とトミオさんも怒ったので大喧嘩に発展した。トミオさんは両親と絶縁し、結婚後は奥さんの名字に変えたそうである。

それ以来、トミオさんの実家には一度も足を踏み入れておらず、生首の正体もわからないままだが、五歳になった息子が自宅で何か妙なものを見てはいないか、心配な毎日だという。

紙風船

ケンタロウさんは旧家の跡取り息子として生まれ、生家には両親と祖父母、それに曽祖父母までが同居していた。

彼が物心つく前に曽祖父は亡くなり、曾祖母も高齢のため肺の機能が低下して酸素吸入器を使用していた。鼻にチューブをつけ、しゅーしゅーと音を立てて呼吸するひい祖母ちゃんと、薄暗い部屋で一緒に紙風船遊びをしていたのをよく覚えているという。ひい祖母ちゃんは呼吸が苦しいので、紙風船に空気を入れるのはいつもケンタロウさんの役目だった。息を吹き込んでふくらませてあげると、ひい祖母ちゃんはいつも「ケンタロちゃんはすごいね、強い子だね」とほめてくれたという。

曾祖母は間もなく症状が悪化して入院することになり、部屋にはベッドと紙風船だけが残された。ケンタロウさんはひとりでこの部屋に入っては、ひい祖母ちゃん早く帰ってこないかなと思いながら、紙風船を潰したり空気を吹き込んでふくらませたりして、弄んでいた。

ひとしきり遊んだケンタロウさんが、飽きて紙風船を放り投げると、ベッドの上に落ちた紙風船が、誰も触っていないのにしゅーしゅーと音を立てて潰れたり膨らんだりしていた。その様子は、苦しい呼吸をしているようだった。

その夜、ひい祖母ちゃんは亡くなった。

あの紙風船は、ひい祖母ちゃんの棺に入れて一緒に焼きましたよ。あの世では、きっと自分でふくらませているでしょうね。

そう話すケンタロウさんには、もうすぐ子供が生まれる。紙風船で遊ぶのを、今から楽しみにしている。

青い走り屋

コウジさんは、二〇〇〇年に十八歳で免許を取ったとき、親に頼み込んで新車を購入した。青のスバル・インプレッサで、モデルチェンジしたばかりの二代目だった。五ドアの四輪駆動スポーツワゴンで、二〇〇〇CCのターボエンジンを搭載した、強力なラリーカーである。特徴的な丸目型のヘッドランプは好みが分かれるところだが、コウジさんは気に入った。

初めての自動車にしてはいささか高価であり、初心者にはオーバースペック気味だが、コウジさんはこの愛車をずっと大切にしてきた。事故を起こすこともなく、そのなめらかな加速や当意即妙のハンドリングを楽しみ、あちこちへドライブ旅行に出かけそうだ。

中でも思い出深いのは、群馬県と長野県の境にある碓氷《うすい》峠だという。急カーブが続くこの峠を、新緑が目に眩しい五月の朝に走り抜けたときの美しさは、二十年近く経った今も目に焼き付いていますよ、とコウジさんはうっとりした様子で語った。

乗り始めて三年ほど経った頃、コウジさんは愛車のリアウインドウにステッカーを貼った。流行していた北海道発ローカルバラエティ番組のロゴである。ドライブ旅行にはぴったりで、ドライブ仲間や歴代の彼女にも好評であり、コウジさんはとても気に入っていたそうだ。

昨年のことである。

コウジさんのインプレッサは、既に走行距離が三十万キロになろうとしていた。自家用車の走行距離としては相当なものだが、まめにメンテナンスしてきたのでエンジンも足回りもすこぶる良好だったという。

しかし夏の夜、交差点に進入したとき、信号無視で突っ込んできた猛スピードの軽自動車に左前方から衝突され、インプレッサはスピンして信号機にぶつかり、支柱が折れて倒れるという大事故に見舞われた。

これだけの事故にもかかわらず、コウジさんはほとんど無傷だった。わずかに、砕けたフロントガラスのかけらで顔面に傷を負った程度だったという。だがインプレッサは車体もエンジンも完全に破壊され、廃車を余儀なくされた。軽自動車の運転手は酒に酔っていたそうだ。

きっと、インプレッサが身代わりになって、俺を守ってくれたんだと思います。

コウジさんはそう語る。今は金をかけた車に乗る気がせず、中古の黒い軽自動車に乗っているという。

インプレッサを廃車にして以来、コウジさんは奇妙な知らせを受け取るようになった。最初は、隣の県に住む友人から「昨日近くで見たよ」とメールが届いたのである。ステッカーを貼った青のインプレッサだ。

「それは俺じゃないよ、あの車は事故で廃車にしたんだ」と説明すると、「それは残念だったね」と返ってきたという。

これぐらいならよくあることだ。二十年前の車となるとさすがに台数は少なくなったが、偶然似たような車を見かけるのは普通のことである。あのステッカーを貼った車だって、珍しくはない。

その次は、実家の父から夜遅くに電話がきて「さっきはどうしたんだ。うちの庭にお前の車が止まってライトを照らしてたから、どうしたのかと思って出てみたらもういなかったぞ」というのである。これはさすがに怖くなったそうだ。

そして、海を隔てた地方に住んでいる友人からは、「最近、運転手のいない車が夜に峠を走っているという噂が流れている。特徴を聞くと、バラエティ番組のステッカーを貼った青のインプレッサなんだ。お前、何か心当たりはないか」と言われたのだという。

こういうときって、どこに相談すればいいんでしょうね。お祓いするにしても、インプレッサはとっくにスクラップになってるし。持ち主だった俺がお祓いを受ければ、それで済むものなんでしょうか。

名物料理

東北地方出身のゴロウさんが、地元に住んでいた頃の話である。

同棲していた彼女が、夏の夜にバイト仲間数人と連れ立って、心霊スポットへ行ってきたことがある。彼女は怖いものが大の苦手なのだが、それを面白がった先輩たちにむりやり連れて行かれたのだ。

その心霊スポットは、かつて旅客機と自衛隊機が衝突して墜落するという悲惨な事故があり、地元のみならず全国的にも有名である。そこへ行くと聞いただけで、彼女は悲鳴を上げたそうだ。

ゴロウさんは心配して待っていたが、しばらくすると、彼女を乗せたバイト仲間たちの車が戻ってきた。思ったより早かったが、彼女はふらふらしながら車から降りてくる。肝試しどころか、心霊スポットが近づいてきただけで彼女は頭痛と悪寒を訴え、激しく震えだしたのであわてて帰ってきたというのだ。額に手を当ててみるとかなりの熱が出ている。

バイト仲間たちは、ゴロウさんに深く頭を下げて謝っていった。

ゴロウさんの彼女は、それから二日間も高熱にうなされていた。ゴロウさんは仕事を休んで、おかゆを作って食べさせ、汗で濡れた服を着替えさせ、熱心に看病した。その間も彼女はうわごとを言い、しきりにこわい、こわいと訴える。よっぽど怖い思いをしたのだろう、と可哀想になった。

三日目の朝、ようやく彼女の熱は下がり、正常な意識を取り戻した。カステラを持ってお詫びにきたバイト先の店長に、以後こんなことはやめてくださいよ、とゴロウさんは釘を差しておいた。元気になった彼女に、何か食べたいものはないかと訊いてみた。おかゆばかり食べていたのだから、そろそろ何か食いでのあるものがほしくなるだろう。そう思っていると、彼女は「しらす丼がいい」と迷うことなく答えたのだった。今までそんなものを食べていた記憶がないので、ゴロウさんは妙な気がしたが、彼女のリクエストに応えて、近くのスーパーで釜揚げしらすを買ってきた。ご飯にたっぷり乗せ、刻みねぎとおろし生姜を加えて、醤油をかけて食べる。たしかにおいしかった。それ以来、月に一度ほどこのメニューを食べていた。

それから一年ほどして、彼女は「ほかに好きな人ができた」とゴロウさんのもとを去っていった。

それにしても、あの子はどうしてしらす丼なんて食べたくなったんでしょうね。ゴロウさんは懐かしい青春の思い出にひたっているようだ。私は、彼女は今どこにいるんですか、と訊いてみる。「たしか静岡県だったと思います」とゴロウさんは言う。

そのスポットで起きた事故により、犠牲になった旅客機の乗客は、その多くが静岡県からの団体客だった。そして、しらす丼はその土地の名物なのである。

なお、私の父はその事故発生からしばらく後、現場へ見物に行き、不謹慎にも、数字が刻印されたプレート状の金属片を拾って帰ってきたことがある。私が生まれる少し前のことだったという。その後、何度かの引っ越しを経て、いまは手元にない。

痛みのない傷

ヒロキさんはその日、常日頃から口うるさく気に入らなかった上司の顔を張り飛ばしてクビになり、晴れがましい気分で酒場に飛び込んで、ヤケ酒をあおってしたたかに酔って帰ってくるところだった。

アパートの近くまでくると、隣の住人も帰ってくるところだった。昨日までの自分と同じ、冴えないサラリーマンである。

ヒロキさんは愉快な気分になり、「やあご主人！　幸せですか！」と彼の肩を軽く叩いた。その男は驚いてこちらを見ると、「あ、あんた大丈夫なのか」と顔を真っ青にして、ヒロキさんの左肩を指さしていた。

ヒロキさんの左肩に、刺身包丁が根本まで深々と刺さっている。

痛みもなく、いつ刺さったのかもわからない。ヒロキさんはとっさに包丁を抜こうとした。隣の男は「触っちゃだめだ。抜いたら血が吹き出して死ぬぞ」と止めようとするが、かまわず右手で柄を握った。

ぐっと握ったときには、もうなんの手応えもなかった。刺さっていたはずの包丁はどこにもなく、ヒロキさんも隣の男性もしばし立ち尽くしていた。

「すみません、酔っていたみたいで」と謝る男性に、「酔っぱらいはお互い様ですわ、がはは」とヒロキさんは大笑いしてみせた。そうやってごまかすしかない、と思ったそうだ。

部屋に入って背広とシャツを脱ぐと、ちょうど包丁が刺さっていた左肩に、みみず腫れができていた。痛みもかゆみもなかったが、その後五年経ってもまだ消えていない。

あの上司に何か関係あるのかなと思ったけど、確かめるほどのことでもないのでやめましたわ、がはは、とヒロキさんは大笑いしてみせた。

早く来てよ

ショウゴさんが、どこか買い物にでも行こうかと車に乗ったら、エンジンをかけた途端にスマホが鳴った。非通知だったが恐る恐る出てみると、知らない女の声で「早く来てよ、ここは最高だよ」とだけ言って切れた。

スマホをドライブモードにしてポケットに入れると、車についている古いカーナビが勝手に行き先案内を始めた。解除しようとしてもなぜか操作を受け付けない。気味が悪いものの、仕方なく行ってみることにした。

カーナビの案内に従って車を走らせていくと、着いたのは隣町の葬祭場だった。ショウゴさんは不気味さに震え上がったが、「もうここまで連れてこられたんだし、せっかくだから見ていこうと思ったんですよね」と語る。

表示されている名札を見ると、今日は二件の葬儀が行われていた。片方の名前に見覚えがある気がしたが、思い出せない。しばらく考えたがわからないので、とりあえずそのまま帰ることにした。もやもやした気持ちのまま自宅に着くと、天啓のようにすぐ思い出した。中学時代の、まったく話したことがない同級生の女性だったのである。

ショウゴさんはすぐ喪服に着替えて、再び葬祭場へ向かった。よく覚えていない相手だが、こうして呼ばれた以上は、ちゃんと対応しておかなければ後々さわりがありそうで、無視することはできなかったという。

喪主は彼女のお父さんだった。香典を渡し、焼香して手を合わせた。なぜ俺を呼んだのかわからないが、どうか成仏してほしい、と心から祈ったそうである。

その日から、ショウゴさんの職場に、亡くなった同級生と同じ名字を名乗る女性から、電話がかかってくるようになった。ショウゴさんが外出していたり、席を外したりしているときに限ってかかってくる。決まって「ショウゴくんいますか」と言って、対応した同僚が用件を聞くと「いないならいいです」と言って切るのだという。

ショウゴさんは一度もその声を聞いていない。

友の形見

コウスケさんが高校生の頃、音楽仲間で親友のマサトさんが交通事故で亡くなった。乗っていた原付バイクで、猫が飛び出したのを避けようとして転倒し、後続の車にひかれたのだという。

四十九日が過ぎた頃、コウスケさんはマサトさんのお母さんに家へ呼ばれた。広くて立派な家である。お母さんは、マサトさんの形見として、愛用していたギターをもらってほしいというのだった。

「これ、コウスケくんが持っていてくれないかしら」とお母さんが差し出したのは、ギブソンの黒いレスポール・カスタムである。

黒光りするボディに、色鮮やかな縁取り《バインディング》とゴールドの金属部品が輝く、ブラック・ビューティーと呼ばれる高級品だ。高校生が持つには贅沢すぎるギターだが、マサトさんは中学生の頃これをお母さんに買ってもらい、練習してきたのだという。

コウスケさんがバイト代を貯めて買った、国内メーカーの廉価品とはグレードが段違いで、ちょっと劣等感をおぼえたが、それより親友の形見を譲り受けるという嬉しさと責任感を強く感じていた。

レスポールを抱えて、コウスケさんは自宅へ帰った。練習用アンプにつないで、ヘッドホンをつけて鳴らしてみる。さすがに良い音がしたが、弾き心地はすこぶる悪かった。マサトさんはかなり太いヘヴィ・ゲージの弦を張っていて、それに弦高も高めにセットしていたのである。コード弾きで腕を振り回すように大きくストロークする、ワイルドな演奏を好んでいたマサトさんらしいセッティングだが、テクニカルで速いパッセージの演奏を好むコウスケさんには合わない。エクストラ・ライト・ゲージの細い弦に張り替え、弦高も下げて弾きやすくセッティングし直した。

しばらく演奏していると、レスポールにも馴染《なじ》んできた。亡くなったマサトさんとギターを通じて触れ合っているようで、コウスケさんはいつしか涙を流しながら演奏していた。

翌日、学校から帰ってレスポールを弾いてみると、感触がおかしい。

昨日あれほど低めに調整したはずの弦高が、また高くなっていたのである。首をひねりながら、コウスケさんはレスポールのブリッジにあるつまみを回し、弦高を下げてみた。

そのとき一番太い六弦が切れ、コウスケさんは目を襲う激痛に悲鳴を上げた。跳ね返った弦の先端が、右の眼球を傷つけたのである。

言ってみれば楽器というのは恋人みたいなものですから、思いがこもるのも無理ないことです。あいつも、自分が死んだことに納得いってなかったんでしょう。でもこのレスポールはもう俺のものになったんですよ。あいつをねじ伏せてでも、俺のためにいい声で歌ってもらいます。

サングラスをかけたコウスケさんは、リモート画面の向こうで、黒いレスポールを抱えてこう話している。

ブラック・ビューティーの塗装はあちこち剥げ落ち、激しい愛の歴史を物語るようにメイプルの木目をむき出しにしていた。

「圧」のある人

マヒルさんは、いわゆる「視える人」だった。子供の頃から、木の上におじいさんが座っていたり、地面に半分埋まっている女の子が「たすけて」と手を伸ばしたりしているのが、しょっちゅう視えていたという。そんなときは、決して手を出さずに無視してその場を立ち去れ、と同じく「視える人」だったお祖母ちゃんから教わっていたので、そうしてきた。

マヒルさんいわく、この世の人とそうでない人は、存在の「圧」が段違いなのだという。この世のものでない人は、どんなにはっきり姿が視えたとしても、そこから「圧」が伝わってこない。物体としての存在が空気を押しのけてできた「圧」が、生きている人には必ずある。お祖母ちゃんからそう教わったそうだ。私のように図体のでかい人間は、相当「圧」も強いのであろう。

三年ほど前のことだ。マヒルさんが、仕事相手との打ち合わせで夜遅くに帰宅する途中、交差点の角で所在無げに立っている男の子がいた。

小学生ぐらいで、ニューヨーク・ヤンキースの帽子をかぶっている。子供が出歩くには不自然な時間であり、どきっとしたが、どう見てもこの世の人間だった。生きている人間の「圧」がたしかにあったとマヒルさんは言う。声をかけようかと思ったが、近くに親がいるのかもしれないし、逆に子供をおとりにした変質者がいるかもしれない。そう考えて、マヒルさんは無視して通り過ぎた。

かすかな地響きとともに、背後でズンという深く重い音がした。

振り返るとさっきの少年が、しゃがんで地面に拳を当てている。顔を上げて、子供らしくないにやりとした笑顔を浮かべると、何かつぶやいて、ものすごい速さで走り去った。あっという間に見えなくなったが、風圧で飛ばされた帽子だけがその場に残っていた。

声は聞こえなかったけど、口の動きを見ると、たぶん「たいしたことないな」と言っていたと思うんです。あれから私、自分へのいましめとしてこの帽子をずっと持ち歩くようにしたんですよ。世の中には、視えるとか視えないとか、「圧」があるとかないとかを超えた存在もあるんですね。

マヒルさんがそう言ってトートバッグから取り出したのは、ジップロックに包まれた野球帽だった。たしかにニューヨーク・ヤンキースのロゴがついていた。

リアルタイム

筆者の自宅は狭く、執筆に適したデスクを置くことができないため、ノートパソコンを持ち出しては外で書いている。今日も行きつけのファミレスで書いていると「あれ、鷲羽じゃないか」と、頬のこけた男から声を掛けられた。

学生時代の同級生だったマサユキである。お互い近くに住んでいるが、会うのは八年ぶりだ。「何やってんの、こんなところでパソコン開いて」と訊かれたので、正直に「怪談を蒐集していて、いろんな人から聞いた話をこうやって書いているんだ」と答える。すると彼は「じゃあお前、そういうのに詳しいんだな。ちょっと相談に乗ってくれよ」と、私の向かいの席にどかっと座った。

聞いてくれよ、うちの祖母ちゃんがな、先月九十五歳で死んだんだ。お前も昔、うちで会ったことあるだろう。去年まで生きてたんだよ。死ぬ前の日まで自分の足で歩いて、ぴんぴんしてたのが、朝起きたら冷たくなってたんだ。大往生ってやつだな。老人の死に方としちゃ理想的だよ。葬式もなんだかお祝いみたいだったな。親戚の、十年以上も親を介護しているおばさんなんか「うらやましい」って言うんだぜ。さすがにちょっとむかついたけど、そう言いたくなるのも仕方ないんだろうな。

それはいいんだけど、祖母ちゃんの形見分けをしてたら、なんか知らんけど厳重に封印された、小さい白木の箱があったんだよ。掌に収まるぐらいの、本当に小さいやつにな、十字に重ねた白い紙がぐるんと巻いてあって、なんだか読めない字がいっぱい書いてあるんだ。お札みたいな感じのやつな。これ絶対やばい代物だろ、と思ったよ。漫画に出てくる呪いのアイテムみたいなやつだよ。まさか自分ちにあるとは思わなかったよ。うちの母ちゃんが見つけたんだけどな。祖母ちゃんの箪笥から中身を出してみたら、引き出しを抜いた底に隠し箱があったっていうんだよ。そんなところに入れてたんだぜ。よっぽど大事なんだろうな。

振ってみると、中に何か軽いものがあるみたいで、かさかさと音がするんだよ。あんまり硬いものじゃないみたいだ。へその緒か何かじゃないかと思うんだけど、気味悪いから親父も触りたがらないんだ。でもよ、それを出した次の日に、俺の伯母さん――親父の姉がさあ、うちに電話をかけてきたんだよ。親父がたまたまいなかったから俺が出たんだけど、変な夢を見たって言うんだ。伯母さんの夢ん中でさ、俺が親父を絞め殺すんだってよ。死んだはずの祖母ちゃんが仏壇の前に座っていて、その目の前で俺が親父に馬乗りになって、親父の首を両手で絞めてるの。それを、伯母さんも含めた一族全員が正座して見ているんだって。

あんまり不気味だったから、心配になって電話してきたそうなんだけど、そんなこと言われたら俺だって気になるからさあ、親父が帰ってきてから話してみたんだよ、伯母ちゃんがこんなこと言ってたよって。そうしたら、親父が真っ青になってさ、伯母さんに電話をかけたんだ。「お前はちょっとあっち行ってろ」って言われて、話の内容は聞けなかったけどな。

そんなことがあったからかもしれないけど、俺もその夜に、おかしな夢を見たんだ。

いや、俺が見たのは逆だった。親父が俺を絞め殺す夢なんだ。それも、親父が俺を絞め殺すところを、なぜか俺が見ているんだよ。祖母ちゃんの部屋で、祖母ちゃんや伯母さんや誰だかわかんない年寄りとか七人ぐらいいて、みんな喪服で。やっぱり喪服を着た親父が、喪服の俺を絞め殺してるのを、ひとりだけジャージ姿の俺が見ているんだ。夢ん中でさ、見てるほうの俺は「当然だな」って気持ちでそれを見てるんだよ。

次の朝に起きてさ、これは絶対なんかあるなと思ったね。

親父に、きっとあの箱にはヤバいものが入ってるから、祖母ちゃんの実家の、四国の本家に行って聞いてみたほうがいいって言ったんだよ。でも親父はさあ「そんな非科学的なことを言うな、そんな迷信を気にするな」ってしか言わねえの。自分も真っ青な顔で、汗びっしょりで起きてきたくせにだよ。

このままじゃ埒が明かねえから、信用できる霊能者を紹介してほしいんだ。お前も怪談なんか書いてるんだったら、そういう人も知り合いにいるんだろう？　あの箱を開けるのに立ち会ってくれるだけでいいんだ。このままだと、俺か親父のどっちかが死ぬことになるんじゃねえかと思うんだよ。

頼むよ。霊能者の人を連れてくるのが無理だったら、せめてお前が立ち会ってくれるだけでもいいから。助けてくれよう、なあ。

私が今まで聞いてきた話の中に、霊能者が事態を解決したものはひとつもないのだ。

すがりついてくるマサユキにどうやって説明すればいいのか、途方に暮れながらこうしてキーボードを叩いている。

あとがき

怪談を書く人になるつもりなど、私にはまったくなかった。人からちょっと怖い話を聞いて、それだけで満足していた私を、この世界へ引きずり込んだのは他でもない黒木あるじ氏である。いつものようにプロレスについてバカ話をしていたら、今度のアンソロジーに参加してくれないか、いくらかのお金になるよ、と誘ってきたのである。食べ物と美女とお金にはめっぽう弱い私なので、一も二もなく飛びついた。おかげでこの始末である。

本を書くと決めてからは、取材にもおのずと力が入り、お話を提供してくれる方はたくさんいたのだが、私の場合は「怖い体験はありますか」というより「不思議な体験、奇妙な体験はありませんか」と人に声を掛けている。この本が、ストレートな怪奇譚とはいい難い、奇妙な話で埋め尽くされたのはそのせいであろう。「怖い話はありませんか」と声を掛けていれば、もっと正統派の怪談本になったのかもしれないが、後の祭りである。

結果として、きちんと決着がつく話は少なく、「いったい何だったのか」と疑心暗鬼になるような話が多くを占めることになった。心が暗い監獄にとらわれるような、そんな気持ちを指して私は「暗獄」というタイトルを冠した。読むことで、読者諸兄の心にもきっとあるだろう、暗獄の奥を探索していただければ、幸いである。

私は東北の小説講座に長いこと通い、そこで多くの知己を得て、気がついたら「せんだい文学塾」代表として運営に携わるようになっていたが、本質的には書く側の人間ではないと思っていたし、才気あふれる人たちの話を聞くだけで満足していた。そんな私に書く場を与えてくれた黒木あるじ氏、先輩としてアドバイスをくれた小田イ輔氏、そして本書にお話を提供してくださった、すべての皆様に感謝を申し上げたい。

さて、本書の最後に収録した「リアルタイム」のエピソードだが、こちらはまだ事態が現在進行形であり、今後の進展を注視しているところである。いつかなんらかの形で、お目にかけられるようになることを願っている。

令和四年十一月某日　鷲羽大介

怪人、奇談を綴る。

黒木あるじ

なんとも怪しい男である。

禿頭の巨漢、おまけに異様なほど博識ですこぶる弁が立つ。十年来の知己である私も、いまだに本性を掴みかねている人物——それが鷲羽大介だ。

そんな彼が、このたび怪談実話本『暗獄怪談』を上梓した。これまでにも共著へ数話を提供しており、筆力はすでに折り紙つき。今回は満を持しての単著になる。私のもとにも知人各位から「いよいよ鷲羽さんの本が出ますね」と、期待の声が届いている。

なぜ、それほど待ち望まれていたのか——それは鷲羽氏が〈怪談人〉ではないからだ。

興味深いことに、彼は怪談実話の熱烈なる愛好家ではない。

むしろ安易な幽霊譚に眉をひそめ、安直な因果譚は一笑に伏すシニカルな人間である。〈怪〉を疑い〈妖〉を訝しみ、〈異〉に異を唱える現実主義者なのである。

けれども、ゆえに彼の怪談は独特な味わいがある。常識の網目を掻いくぐり、猜疑心のフィルターで濾された〈懐疑派すら首を傾げてしまう奇妙な話〉を、彼は蒐めてくる。

否、そもそも「蒐める」との表現が正確さを欠いている。自然と集まるのだ。まるで、人ならざるモノが「さあ、これでも信じないか」と挑むように、おのが存在を認めさせようとするように、無数の奇談が転がってくるのだ。怪しい者のもとには奇しい譚が集うのだろうか。引き寄せあうのだろうか。本人はその点について無自覚らしいが、それもまた一種の才能、すなわち奇才ということか。ともあれ、怪談人ならぬ怪人だからこそ蒐集できたであろう奇談の数々を、読者諸賢にはご堪能いただきたい。

それにしても〈暗獄〉とは、あまり聞き慣れない詞だ。菊池寛の短編『船医の立場』には「我らは衆人環視のうちに捕えられ縛められ、暗獄のうちに幽閉せられる」との一文がある。どうやら、光の射さぬ牢屋を意味するらしい。つまり本書は、牢獄の暗闇で囁く〈声〉を書き綴った一冊ということになる。ならば、声の主は何者なのか。我々は何処に閉じこめられているのだろうか。脱出する手段はあるのだろうか。釈放される日は来るのだろうか。もしや、永遠に――。

疑問と不安を作者へ問うてみたものの、彼はいつもどおり不敵に笑うばかりで、なにも答えてはくれなかった。やはり、なんとも怪しい男である。

暗獄怪談 憑かれた話

2022年12月7日　初版第1刷発行

著者……………………………………………………………… 鷲羽大介
デザイン・DTP ………………………………………………… 延澤武
企画・編集 ……………………………………………… Studio DARA

発行人……………………………………………………………… 後藤明信
発行所………………………………………………… 株式会社 竹書房
〒102-0075　東京都千代田区三番町８－１　三番町東急ビル６F
email：info@takeshobo.co.jp
http：//www.takeshobo.co.jp
印刷所…………………………………………………… 中央精版印刷株式会社